ND ET JULES DE GONCOURT.

EN 18..

PARIS,
CHEZ DUMINERAY, ÉDITEUR,
RUE RICHELIEU, 52.

1851

EN 18..

Ce roman a été livré à l'impression le 5 novembre;
Sauf les couvertures, il était complétement imprimé le 1ᵉʳ décembre.
Au reste, — qui le lira?

EDMOND ET JULES DE GONCOURT.

EN 18..

PARIS,
CHEZ DUMINERAY, ÉDITEUR,
RUE RICHELIEU, 52.

1851

LA DATE.

La pendule lève avec un long bâillement son petit marteau de cuivre : deux notes cristallines s'envolent.

Deux heures!

Il fait froid dehors ; la pluie frappe aux vitres; d'instant en instant des rafales roulent et balaient une minute ce monotone grésillement. Bien loin, le bruit assourdi d'une voiture qui descend à la halle, gémit dans la nuit mouillée.

La lampe est lasse, elle est à bout d'huile ; comme un rayon de lune surpris par la première aube à danser sur les brouillards d'un étang, elle pâlit. L'ombre accourt de tous les coins; les paillettes de lumière s'éteignent une à une; les couleurs s'endorment ; les murs baignent dans un demi-jour blafard, et les lueurs, qui se font de plus en plus fatiguées et défaillantes, promènent les vagues fantasmagories d'un crépuscule.

Les rideaux semblent onduler.

Les girandoles, avec leur diadème de bougies, tordent leurs rocailles et serpentent, amoureuses chimères, vers les pastels qui s'éveillent.

Les poteries de la Chine, rivées à leur accroupissement éternel, commencent à tourner béatiquement leurs prunelles assoupies dans leurs orbites en virgules.

Aux accords imperceptibles d'un quadrille inouï, le Pierrot veut enjamber sa marge, et met le pied sur la signature de Gavarni pour un pas impossible.

Son éventail a frémi, Watteau! Elle va sourire, la marquise.

Et comme accompagnement à ce nocturne éveil, le feu chante. La grosse bûche entonne, le ventre mangé, sa chanterelle d'hiver :

« Il fait froid, il fait triste, il fait noir. La terre est nue. Le vent se lamente. Le ciel pleure. Les arbres grelottent. Petits oiseaux, venez vous chauffer aux cheminées. »

Et à chaque refrain, de dessous les cendres,

elle lance, éternelle écharpe qui se déroule dans l'âtre, des langues de feu rouges, bleues, jaunes, qui tourbillonnent en montant, comme des rondes de pierres précieuses.

La lampe crépite et râle.

« ... *de la stéatite verdâtre. Qui donc?* — *Charles.* »

Ouf! — firent-ils.

5 novembre 1851.

LE DERNIER MOT.

L'immortel Tiki, occupé à pêcher à la ligne, tire notre monde au bout de son hameçon. Buffon le crée d'une scorie gelée du soleil.

Près de trois cents millions d'hommes adorent

un dieu descendu en Judée pour y parler aux pauvres. — Plus de deux cents millions d'hommes adorent un dieu descendu sur les bords du Gange pour y voler du beurre et engrosser des bergères.

La vie! — O hommes, mes collègues, mes frères, tombés comme moi sur ce morceau de boue séchée, sans feuille de route, sans passe-port, lancés comme moi en enfants perdus sur ce grand chemin vague de l'humanité, entre le *Qui sait* et le *Peut-être;* le poteau! le poteau! montrez-moi le poteau!

Passe en priant, prêche l'Église; *ex eo recedere*, dit Tertullien;

Jouis, hurlent les sens;

Agite-toi, crie l'ambition. Et qui sait si le meurt-de-faim n'est pas aussi heureux que le millionnaire-ministre? Qui sait? — Jouir? Et vivre? — Prier? Et croire?

Seigneur, Seigneur, laissez-moi mettre le doigt dans vos plaies!

Aveugles, qui buttez à tous les pourquoi, qui bronchez à tous les casse-cous de l'éternel colin-maillard, philosophes de tous pays et de toutes écoles, alchimistes du berceau et de la tombe, qui faites bouillir à si grand effort l'ignorance humaine, vous mentez, vous mentez, ô vigies! quand vous criez terre!

Il fait nuit, une nuit sans lune.

Une âme! Que je voie une âme!

Et gloire à la bouteille! — *Sol, fa, mi, ré*, le voilà dans mon verre. — Les jolies vocalises qu'il chante en tombant! — Rouge, blanc — du vin! O mes petits, ô mes grands verres, pied contre pied, sur la nappe, en rang, montez comme un buffet d'orgue! — Pif! paf! tais-toi, questionneuse de cervelle! — Rubis et topazes! — Jusqu'au bord ! — Foin du réel ! — Eh! l'Allemande, baisse le col, que je t'embrasse, fille du Rhin ! — Grisons la mort, comme la présidente d'Aligre ! — Là, là, ma tête bout. — Encore ! Des yeux, des yeux d'or dans mon verre ! — Raison, un point noir là-bas, — tout là-bas ! — A boire ! à boire ! Hop ! hop ! un temps de galop dans le pays du rose ! —

Et les maux d'entrailles ?

Ah ! ah ! le dernier mot !

— Mais, monsieur, il est beaucoup de gens qui passent honnêtement leur vie à siffler un *lillaburello...*

L'ATELIER.

I.

— A Rome ?

— Oui, mon cher, au bout de six mois, j'ai appris que mon médecin était conducteur de diligences.

— Édouard, le bilboquet !

— Voulez-vous vous taire ?

— Eh ! là-bas, le fusin !

— Bah !

— Parole d'honneur !

— Son nom ?

— L'honneur d'une femme !

— Cet imbécile d'Alphonse ?

— Et honnête ?

— Boum !

— Honnête... sans vocation.

— *La sol... la sol... la sol...* Cré !

— Ta pipe est allumée ?

— Il a toujours peint ses petits tableaux sur des panneaux de bois.

— Rubens ? oui, sur des panneaux marqués au fer chaud des deux mains croisées de la fabrique d'Anvers.

— Tu as repris Adeline?

— Et ton esquisse de Phryné?

— Les religions sont pour moi le cadre des sociétés. Une fois que...

— Elle a du charnu rondelet.

— Matérialiste!

— Que veux-tu? on est ce qu'on peut.

— Un grand soleil, une grosse pipe et une grosse femme qui ait toutes les qualités morales d'un oreiller, voilà le bilan de mon paradis!

— Bleu avec des étoiles d'argent, ça va-t-il le pavillon?

— Les peintres c'est comme les noyés, ça ne vaut quelque chose que quand c'est mort!

— *Volupté!*

— Laisse-moi donc! Des phrases à mille pattes, de vraies chenilles de phrases!

-- Remercié?

— Le Bertin m'a dit que sa feuille était une feuille tranquille, et que j'avais des mots qui rentraient trop tard.

— Cornez donc des cartes au dix-huitième siècle !

— En Allemagne, d'abord, ce sont tous des Auvergnats !

— Sais-tu, Rodolphe? on vient de me dire au Jardin des plantes que les femelles des singes...

— Les pauvres singes !

— Eh bien! comment trouves-tu l'ouverture?

— Bah! comme toutes les ouvertures : j'en ferais autant. C'est toujours l'air de la calomnie : une invasion de cuivres dans un pianissimo ronron de basses.

— Allons donc! ils gardent la morale comme

ces vieillards qui veillaient un mort moyennant vingt sous et une bouteille de vin, en lisant la *Pucelle!*

— Tu deviens rare, Frédéric!

— C'est qu'on s'ennuie chez vous.

— Poli comme aux Messageries royales!

— Je te parie qu'on lira un jour ces hiéroglyphes-là.

— Les étoiles? Attends le Champollion! Les étoiles, c'est l'agenda du bon Dieu, un cachotier!

— Et le rendez-vous de l'équipe?

— Chez la mère Joseph.

— Le mari, il m'a l'air d'un portier de musée endormi au seuil de ses merveilles.

— Que diable a-t-il eu, Léon?

— Une jaunisse à manger du pain de seigle.

— Sacré goût!

— Il n'avait pas le choix dans le moment.

— Qui se vautre sur la table à modèle ?

— Gare les brosses !

— Le style, c'est la toilette de l'idée.

— Après tout je comprends le sultan de Shéhérazade. C'était un homme qui aimait à casser une pipe quand il avait fumé dedans.

— 93 ! — Je n'aime pas ce poëme-là. C'est écrit par Sanson.

— Anatole, as-tu été à la petite guerre ?

— Non, j'ai relu *Candide*.

— Tiens ! la tête de la Charité d'André del Sarte qui passe !

— Est-ce cher ?

— Un capitaliste a retiré toutes les actions qui étaient sur la place.

— Kirie, kirie eleison, kiri... *Fa, mi, ré, fa, fa.*

— Ohé! Wolframb! vas-tu finir tes borborismes sur le piano?

— Vous ne valez pas une action d'Arcachon. — *Sol, sol...*

— Veux-tu la partition de Fualdès?

— J'aime toutes les décadences...

— Même ces amours sur rocaille qui demandent du lycopode?

— Eh! mon cher, la régénération de l'espèce est tout. L'individu ne compte pas. Ne sais-tu pas que les trois quarts des femmes meurent quand elles ne peuvent plus faire d'enfants?

— Tu es désolant!

— Comme la vérité.

— Houp! houp! houp!

— Kiss! kiss!

— Ténor! ici! à bas!

— Est-ce que ton chien des Pyrénées prend mon nez pour un morceau de sa patrie?

— Le soleil n'y entrait jamais.

— J'ai été dans un appartement comme ça. On remettait avec les clefs un exemplaire des nuits d'Young.

— Épicier! L'académie du dix-neuvième siècle, ce n'est pas le nu, c'est l'habit; ce n'est pas David, c'est Gavarni.

— La littérature! elle est enterrée au pied de la tribune. Quand un peuple lit ses journaux, il ne lit guère ses livres.

— Bah! les convictions politiques, il faudrait les voir nues comme les forçats quand ils arrivent à Toulon.

— Ça ne serait pas beau.

— Le peuple, te dis-je, est plus heureux.

— Mais, mon cher, le vin coûtait trois sous et demi chez Ramponneau.

— Et le pantalon ?

— Le pantalon en est.

— *Si, la, ré, ré...* leison, leison... mille..

— Pour deux portraits ? Mais c'est Mécène dans la peau d'un tailleur !

— La mort est une vivification.

— Allons ! la loi du circulus !

— Gare aux enfilades de métaphysique !

— Ah çà ! Eugène, toujours l'école anglaise, toujours une palette au sirop de groseille !

— Crois-tu ?

— Au fait, tu cuisines des entrefilets !

— C'est rabacher bien jeune !

— Tes principes ont faim ?

— Et soif, donc !

— Oui, messieurs, je proclame que c'est une honte pour l'humanité qu'on fasse un fils légitime comme on voit une fille.

— Même du Meyerbeer?

— La musique étant une scie pour moi, toutes les dents se ressemblent.

— Maladroit! Mais, Arthur, si Gautier dans son salon te faisait l'amabilité de te trouver maladroit, tu serais un grand peintre! Regarde Corot : s'il n'était pas maladroit...

— Marié!

— La vie est un songe!

— Avant un mois, ils joueront l'adultère en partie carrée. C'est comme si on mariait Luther avec M. de Maistre.

— Le mariage, l'enfer du Dante avec un frontispice de Daumier!

— Et vivent les feuilles à cinq doigts de Poussin, les bons hommes de Lesueur, et le vert-russe d'Hobbéma !

— Qu'on le jette à la porte !

— Il faut pouvoir tout. Je ne comprends que cela. Les rois m'ont l'air maintenant de sous-préfets qui ont plus de gardes-champêtres que les autres.

— Ton idée est absurde.

— Après ? Un Flamand a fait fortune en donnant à son tabac le goût des vieux livres.

— Ridicule !

— Ça fait vivre.

— Du Surena-Christi ! Évohé !

— Et puis du sentiment !

— Je serai lu des portières lymphatiques.

— Au dix-huitième siècle il y avait des gens qui se faisaient donner des coups de bûche. —

Les soldats, ce sont les convulsionnaires de l'honneur.

— Vrai Nucingen!

— Oui, celui qui disait : Si je n'avais pas eu deux enfants, je leur aurais donné une seconde mère!

— Ah! ah!

— Ça me rappelle le prédicateur : Quel bonheur, mes frères, que Dieu ait mis la mort à la fin de la vie; car, s'il l'avait mise au milieu, on n'aurait eu que la moitié de la vie pour se repentir, au lieu que, comme cela, on l'a tout entière!

— Edmond, où achètes-tu tes guêtres?

— Je me demande souvent, si tous les banquiers qui prêtent des idées fermaient boutique, ce que diraient ceux qui pensent à crédit?

— Est-ce personnel?

— Un livre, une revue se tire à 700 ; un paroissien de Bretagne se tire à 30,000, et l'on garde les clichés!

— Guttemberg! Guttemberg! Il a mis une main dans toute poche où il y a une pièce de cent sous. Rappelez-vous ça!

— Épuisé! mon cher! ça allumait le vieillard!

— Qu'est-ce que c'était?

— Les amours d'une truie. Un joli milieu de cheminée pour un garçon!

— Et le modèle a été vendu moins qu'un morceau de pain!

— Diable m'emporte, si j'ai jamais su pourquoi tu l'aimais!

— Vraiment? Eh bien! ni moi.

— La couverture jaune? Du lyrisme qui touche à la camisole de force.

— Connu! le goût du peuple! Une faction éternelle devant la cuisinière de Drolling.

— Oui, inné ! Et les sauvages qui vous prennent un tableau tête-bêche ?

— Tu sais ce qui fait le succès de la pièce ?

— Non.

— Chose !

— Comment ?

— Il dit : Mort à Brutus ! en chœur.

— A propos, Jules est pris.

— Farceur ! il est myope comme deux gouvernements !

— Parbleu ! il a lu couramment avec du n° 3. Vous l'êtes ; mais vous ne devez pas l'être ! Un mot de chirurgien qui a fréquenté les saltimbanques.

— Bah !

— Mais, mon cher, il n'y a pas en France un seul article de quoi que ce soit, où l'interprétation ne roule entre le oui et le non.

— Absolument comme la boule des macarons, entre le rouge et le noir !

— La royauté est encore debout.

— D'accord ; c'est une vieille guérite où l'on ne monte plus la garde.

— Eh bien ! quoi ? Les têtes du Vinci ? Un compromis entre la tête de satyre et le type contemporain.

— Eh ! Charles !

— Il dort.

— *Mi, do...* vous me rendrez sourd comme un artilleur ! *Mi, do.......* ça n'avance pas, cette messe !

— Ça t'apprendra à connaître des curés ! Le malheur est le répétiteur de l'expérience.

— Un mot que je ne t'achèterai pas !

— Il n'est pas à vendre.

— L'empire? Une transfusion en grand ! Du sang français dans le sang européen; puis du sang cosaque dans le sang français.

— As-tu lu? Les idées y sont plus tirées par la queue que le diable ne l'a jamais été par toi !

— Burnous, sarmas, kaïks, turbans, foutas : Alger, mon vieux, c'est le kaleïdoscope du costume !

— Caramba !

— Un drôle de portrait ! ah ! ah !

— Quoi donc?

— La femme Huet, coupée en morceaux, tu sais : Albert l'a repeinte pour lui faciliter des parents.

— Il ne lui manquait que la parole et les jambes, mon cher !

— Un rentoilage complet !

— Vous m'accorderez bien qu'il a le physique du palsambleu !

— Ernest ?

— Non. Bressant.

— Illustrée par Decamps, la cour des Miracles ! Comprends-tu ce qu'il eût fait ?

— Ran, tan, plan, pif, pif !

— Moi, vois-tu, j'ai toujours eu l'idée de la greffe des animaux.

— C'est ça, tu aurais déporté Hoffmann dans l'île de Pathmos, pour qu'il te rapportât des croquis de bêtes !

— Pourquoi ne pas croiser par exemple des éléphants avec des chameaux ?

— Pourquoi pas des fourmis avec des harengs saurs ?

— C'est comme dans une coupe de bois. La

postérité passe dans le taillis et martelle les grands hommes.

— Et quel est son premier secrétaire?

— De l'ambassadeur? Parbleu! son cuisinier!

— Voltairien!

— Emmanche-moi donc ce torse-là, Arthur, toi qui as une brosse de M. Gros!

— Il a tué papa et maman.

— Tu plaides?

— L'absence de principes religieux.

— Ça! un envoi de Rome! tu veux dire un envoi de Reims.

— Invraisemblable? Il faut que tu l'ignores : M. Guizot a la toison d'or que portait Philippe II.

— Oui, un critique, de ces gens dont la conversation prend un fauteuil et vous offre une chaise...

— Qu'est-ce que tu as converti?

— Une femme.

— A la théorie des géniteurs?

— Il est mort.

— Et de quoi?

— D'avoir écrit trop souvent l'article du journal d'Hoffmann : vendu ma redingote pour dîner.

— Qui? Tu demandes qui? Alfred? Rembrandt; toute l'œuvre de Raphaël pour un rayon de soleil de Rembrandt!

— Tra déri, déra, déri, déra!

— On n'a pas de couleur, donc on a du dessin!

— Et ta copie?

— L'argent s'en est allé *invisibilium!*

— Tais-toi donc! Tous ces chiffonniers de la pierre philosophale...

— Le Christ du travail? Ah çà! toi tu mets toujours à tes brosses des théories de Fénelon? De la peinture utile! des effets de couleur qui inspirent le civisme, n'est-ce pas, Alexandre? Tu devrais peindre sur des panneaux d'arbre-à-pain alors!

— Et la morale de l'art, que sera-ce?

— D'être beau, crétin!

— « Pourquoi que tu n'as pas amené l'enfant? ça l'aurait amusé ce petit! » Jean Hiroux dit ça à sa femme en allant à la guillotine. Jean Hiroux a dit le mot le plus fort qu'on ait dit.

. . . .

Le *tutti* continua.

— Enfin, messieurs, c'est original, dit Anatole, à propos de je ne sais quoi.

— Original! oh! fit Charles dans un coin de l'atelier.

ORIGINAL! OH!

II.

Original? Qui? quoi?

Original? neuf? Quoi?

Est-ce la Triade? Et Brahma, Wichnou, Chiva, les trois hypostases de Parabrahma;

Les omnibus? Et les carrosses à cinq sous;

Le jury? Et les *recuperatores* de Rome;

La peinture à l'huile? Théophile en parle au dixième siècle;

Le machicoulis? Il y en a à Pompéi;

Le coq gaulois? Il figure au blason des Carlovingiens;

La caque du hareng? Une ordonnance de Philippe VI en fait mention trois ans avant la naissance de Beuckelz;

La vapeur? Et le dessin de Léonard de Vinci;

La Divine Comédie du Dante après la vision romane de Tindal;

Le grasseyement des incroyables après le grasseyement d'Alcibiade;

Le fameux : « Ma main puisse-t-elle se dessécher, » de Berryer, après le : « Ma main puisse-t-elle se dessécher, » de Bartholo;

L'extrême-onction après l'initiation anté-mortuaire des anciens;

Le *faire* de Diaz après les esquisses de Prudhon;

Les scènes populaires d'Henri Monnier après le *Bourgeois poli,* à Chartres MDCXXI;

L'argot après le *frigidum faciam*, je te refroidirai, d'Horace;

Lavater après Michel Scot;

Le système cellulaire après le Ty-yo;

La propriété, c'est le vol; après : La richesse, c'est le vol, de Brissot de Warville.

Original? Qui? quoi?

Le guano? Il y a huit cents ans qu'Edrizy en a signalé le commerce;

Le rouge? L'ange Azariel en apprenait l'usage aux filles des hommes;

Le populaire : On ne passe pas! du Jean-Jean

à l'empereur, un garde-française l'a dit à Louis XV à la sortie du bal de l'Opéra du 4 mars 1737;

Les verres filigranés de Venise? Vous en trouvez dans les tombeaux égyptiens;

La théorie du tyrannicide? Elle est chantée dans les poésies sacrées de Lévinus Torrentius, évêque d'Anvers;

La romance de la dame au lévrier? Chrestien de Troyes vivait au XIIe siècle;

Le *suum cuique* de Frédéric, n'est-ce pas votre Chacun chez soi, monsieur Dupin?

L'ultimatum de Championnet à la fiole de saint Janvier est la réédition de celui de Daravannes pendant la guerre de succession;

La chevalière d'Éon? C'est l'histoire de sainte Pélagie;

Le style de messieurs tel et tel? C'est renouvelé du persan : « Fouillant dans le fond des récits larmoyants, en ouvrant avec le couteau de réminiscence les huîtres à perles de mes souvenirs; »

Le temple de Jérusalem était calqué sur celui d'Hiérapolis;

Savez-vous qui a appelé le premier hochet de la vanité la croix d'honneur? Napoléon, Conseil d'État, séance du 18 floréal an x;

Un dieu des Cambogiens est représenté cloué sur une croix et couronné d'épines;

La féerie de Cendrillon? Et l'histoire du pharaon Amasis s'éprenant d'amour sur la pantoufle de Rhodope;

Les fonds secrets? Et ce qu'Aristophane dit de ceux de Périclès;

Le : Au voleur! au voleur! de Mascarille; et le : Au voleur! au voleur! du prince dans *le Chariot d'enfant* du roi Soudraka;

L'artillerie Lobau? Et les pompes qu'on fit jouer à Londres à l'exécution de l'assassin de miss Ray;

Quoi encore! Un parisianisme. Du flan! Arétin dit : Des tanches frites!

La guillotine? Les manches plates?

La guillotine? Le *maiden* écossais;

Les manches plates? Les amadis.

CRAYON DU DIX-NEUVIÈME SIÈCLE.

III.

Un étrange garçon que Charles, avec son œil froid, son écorce gentilhomme, son verbe crûment cynique. Il ne faisait rien, vivait de ses rentes, et laissait à ses goûts l'usufruit de sa vie.

Il paraît qu'en agissant ainsi, il avait fait quelque chose de raisonnable; car on le traita de fou ou approchant.

Sans ancêtres, sans lisières, ambitieux de son moi, poussant le paradoxe au point de penser lui-même, Charles vivait avec les préjugés, la routine, la mode, le chauvinisme, les cravates blanches, les grimaces sociales, les valetages, les salamalecs, et les qu'en dira-t-on, à peu près comme Socrate avec Xantippe.

C'était un mortel très-simple, jeune et vieux, — il avait vingt-cinq ans, — criblé de puériles loyautés, ne renouant pas avec les illusions, si naturel qu'on le disait original, coudoyant les ridicules sans sourire, ne s'indignant de rien ni de personne, dressant des coulisses la statistique des taches sur les habits brodés, des reprises dans les étoffes vierges.

Il allait son chemin, la tête moins vide que d'autres qui taillent des plumes et des plumes bien chères, creusait toujours au fond des hommes et des choses, non qu'il trouvât mieux, mais il était ainsi; avait, par malheur, l'ouïe du cœur très fine, ce qui le faisait triste plutôt que gai, ne saluait que l'esprit, n'allait jamais dans le monde qu'il ne comprenait pas, ce que du reste le monde lui rendait bien, n'estimait guère les demi-reliures ni les demi-vertus, avait l'œil plus à la vitrine de Beugniet qu'aux petites-affiches du parlement, et vivait noblement dans son fromage, un fromage d'artiste.

Chez les impures, il avait appris à ne pas croire au lendemain; aussi, malmenant l'hypothèse de l'avenir, pressurait-il le présent comme les poitrinaires l'amour. Des amis, il pensait tout haut que ce sont des comparses qui viennent toujours à votre noce, s'il y a à manger, et quelquefois à votre enterrement, s'il fait beau. Sans vergogne, et se frottant peu à nos petits bâtards de Brummel, il donnait héroïquement le bras à un héritier du chapeau de Lucien, à je ne sais plus quelle page de *la Peau de Chagrin*. Pour les prêtres, il n'en aimait point la robe. Au reste, sans parti pris contre Dieu. Malade, le pauvre jeune homme avait une superstition : le médecin.

N'ayant ni chaîne ni dettes, Charles ne songeait pas au mariage. Si *far niente* est le dernier mot du bonheur italien, faire sa volonté à son heure, à son lieu, à son mode, était le paroxysme du sien. Plus ombrageux d'un accroc à sa liberté que d'un trou au coude, son indépendance, il y tenait tant, qu'il lui eût jeté le bourgeron aux épaules plutôt que d'y laisser mordre.

En politique, il adorait le soleil.

Bref, il s'était posé carrément dans le *pecus* des oisivetés contemplatives, et se trouvait tenté de prendre son rôle au sérieux tous les jours où un fournisseur ne tirait pas à vue sur son utilité.

Deux traits encore : il aimait la campagne bien trois heures de suite; passé quoi, il revenait avec amour rechausser ses pantoufles, et se repromener dans son Troyon, — une toile comme les deux mains; puis il ramassait dans une armée de petits scandales in-16 quelque bavard écouteur aux portes du dix-huitième siècle, et, le volume par terre, à califourchon sur les spirales bleues de sa pipe hongroise, s'envolait un monde de petites pensées diaboliques qu'Hoffmann eût entendues éclater de rire.

Au physique, il..... il était beau, quand il était heureux.

BOURGUIGNON.

IV.

— Tiens ! c'est toi ?

— C'est moi.

— Que fais-tu ce soir ?

— Dis-moi-le.

— Je t'emmène.

— Où ?

— Qu'est-ce que cela te fait ?

— Peuh !... Donne-moi un cigare.

— Nous entrons là ?

— Apparemment.

La fournée était comble. Du cintre aux premières loges, huit cents faces humaines, plus rassemblées qu'aux vieilles tapisseries de Flandre, historiaient de leurs trognes rubicondes le triple étage de l'hémicycle. Tout en haut, un furieux échelonnement d'hommes se surplombant l'un l'autre, des grappes de têtes pendant sur la salle ; en bas, une chaude mosaïque de crânes chevelus, tonsurés, dénudés, noirs, chinchillas, bruns, blonds, beurre frais, roux, argentins. De là semblaient monter en colonnes tangibles de fauves vapeurs qui figeaient au plafond leurs atomes graisseux. C'était la fermentation sourde d'une cuvée prête à faire éclater ses douves, et sous le mutisme de la salle grouillaient comme des fourmillements immondes. Les dix mille prunelles de la plèbe romaine ne se dilataient pas plus extravagamment à ces vertigineux spectacles de l'Atys ou de l'Hercule où l'acteur mourait sur le théâtre. Sourcils à un pouce de l'œil, pupilles en ronde-bosse comme l'œil d'un merlan cuit, bouches gaudissantes en *o*, tous les symptômes d'admiration superlative : l'attention était tombée en arrêt à se casser les cordes du cou!

Bourguignon jouait.

Jamais l'ivresse n'avait fait pareille toilette. O soûlerie classique! ô primitive et naïve titubation ! traditions zigzagantes, hoquetantes, éructantes des Champagne du bon vieux temps, adieu ! Ébriété réglée, réglée comme un menuet, entre-choquement des tibias, télégraphie du geste, qu'êtes-vous devenus ? Plus de convention : la boisson ! Salut ! psychologie de l'homme-éponge ! C'est le dodelinement de tête de l'enfant ensommeillé qui cherche l'épaule de sa nourrice. Il s'effiloque sur ce chef éreinté, faisant le plongeon entre deux épaules, quelques flammèches de cheveux floches. L'œil entrebâillé a les lueurs vacillantes d'un lumignon qui naufrage. La bouche aux deux coins tombants s'affaisse en piteux fer-à-cheval. Les joues molles, flasques, détendues, traînent comme les crevées d'un vieil haut-de-chausses, et tremblent comme les gelées aux étalages de charcuterie. Les omoplates dégringolent ; les mains s'enfuient chercher au fond des poches de la culotte l'étai d'une doublure ; les jambes, pesamment amarrées aux talons, chassent sur leurs ancres en flageolements à la Falstaff. Avachissement stupéfiant ! Les os, les nerfs ont déserté ; l'armature n'y est plus ; rien que le filamenteux paquet de chair ! — Et puis c'est la conviction que Scaliger mettait à danser la pyrrhique devant Maximilien. — Quand l'homme parle, les phrases s'endorment mi-closes, ou chavirent en notes aquatiques empruntées au glouglou de la bouteille... Pleure, Frédéric ! Pleure ta couronne, Talma du bleu !

Des frissons électriques couraient sur les banquettes. La contagion gagnait les plus sceptiques. Par toute la salle éplafourdie, l'admiration circulait, chantonnant à toutes les places son bourdonnement laudatif, que déchiraient de minute en minute des salves de rires et des tonnerres d'applaudissements.

Dans le chorus des rires, Charles en perçut un plus timide qui ne relevait que bien doucement un coin de lèvre. La lèvre appartenait à une bouche où scintillaient de blanches dents. La tête reposait paresseusement sur la paume d'une main dont l'un des doigts rebroussait un bout d'oreille rose comme un coquillage des mers de l'Inde. Ce mignon bout d'oreille s'échappait d'une noire chevelure, partagée en deux larges bandeaux sur lesquels frissonnaient les lueurs d'une trempe d'acier de Coulauxa. La forme elliptique des yeux, les franges luxuriantes des paupières, l'opale bleuâtre du cristallin, la courbure gracieusement caprine du nez, les teintes bistrées des ombres, l'ambre des lumières, tout la disait Juive. Les feux du lustre immergeant cette splendide créature trahissaient la pourpre de ce jeune sang que des chaleurs intérieures promenaient sous les pommettes, comme les nuages roses qui courent le matin dans un firmament d'or.

Aux côtés de l'enfant, une vieille femme épluchait des oranges.

PETITE POSTE.

V.

« Mon jeune ours,

« J'ai reçu ce matin des grives de Corse. Je
« vous sais trop d'esprit pour n'être pas un tan-
« tinet gourmand, et assez de politesse pour avoir

« faim demain sur le coup de six heures. Pour
« complice, mon cher enfant, je vous donne,
« étoffé de chair et d'os, un de ces beaux rêves
« de fantaisiste que vous rêviez un soir tout haut
« dans mon petit salon bleu. La jeune femme a
« l'esprit... d'un homme d'esprit. Mes grives sont
« grasses. Vous venez. »

Sacredieu ! Sotte manie qu'ont les gens qui vous ont bercé de vouloir toujours vous tenir sur les genoux ! Non, je n'irai pas... Quelque virginité trentenaire échouée dans un encrier !

VICTUAILLES ET MENUS-PROPOS.

VI.

Potage à la Bagration.

Carpe du Rhin à la Chambord.

Cailles à la financière.
Caisses de foies gras Toulouse.
Canetons à l'orange.
Darne de saume au beurre de Montpellier.

Faisan truffé garni de grives de Corse.

Macédoine de légumes.
Brogelés au parmesan.
Nioki à la Viennoise,
Gelée d'ananas.

— Un système? une école? moi? Je suis

bien trop paresseux, mademoiselle. Mes opinions sont en liberté : elles vous semblent moins fourbues que celles qui courent les rues, voilà tout. Des livres, je relis les uns et ne lis plus les autres.

— Êtes-vous trop modeste pour dire bons et mauvais ?

— Bons ! mauvais ! qui sait ? Êtes-vous presbyte, je suis myope. Allez ! Dieu n'a pas de patron pour les goûts ; et d'ailleurs, pour mettre les vivants au pain sec et les morts au banc d honneur, les pédagogues sont là.

— Permettez, monsieur. Vous jetez vos idées en l'air, comme si vous pensiez à pile ou face. C'est un jeu fort égoïste. Vous finiriez par me faire prendre le hasard pour un homme d'esprit assurément ; mais j'aime encore mieux vous confesser. Pourquoi...

— Pourquoi je ne les aime pas ? Vous savez, Olympia, la poupée de votre grand trouveur de rêves. La gloire de notre siècle, c'est d'être un enfant terrible. Quand il s'est mis à démonter la littérature de son père et de son grand-père, il s'est aperçu qu'elle était comme Olympia, il lui manquait le cœur.

— Vous allez me prouver à présent que vos grandes plumes ont inventé le cœur humain.

— Non, mademoiselle. Ils lui ont donné la parole, comme ils l'ont donnée à la nature.

— Encore une belle au bois dormant que votre baguette aura réveillée ?

— Ma foi ! à peu près, mademoiselle. Cette pauvre nature ! elle a été bienheureuse de nous voir. Jugez : on ne l'avait pas regardée, la pauvre fille ! depuis près de trois siècles. C'est Desportes, je crois, qui lui avait fait des chansons le dernier.

— Allons! monsieur, je vous aurai fait grâce des mitoyennetés de la conversation, et vous n'aurez pas trouvé un mot de sérieux pour me remercier!

— Soit, mademoiselle. C'est un brevet de pédant en titre pour deux services. Ne l'oubliez pas.

— Ne l'oubliez pas non plus, s'il vous plaît. L'auteur d'Athalie?

— Rachel joue, mademoiselle.

— Et le libretto du poëte Racine, ne le comptez-vous pour rien?

— Deux mots d'abord, mademoiselle. Un soldat dit dans Hamlet : Je n'ai pas entendu une souris trotter. — Eh! l'ami, lui crie le siècle de Mérope qui passe, cela se dit dans un corps de garde, mais non dans une tragédie. — Dans un corps de garde, mais non dans une tragédie, toute la question est là. Dans un corps de garde.

Mon Dieu! la facture Boileau est bonne et honnête personne; mais il ne faut pas lui donner non plus un tabouret trop près du génie. Je l'estime, mademoiselle; je l'estime surtout dans les ouvrages didactiques que je ne lis pas. — Mais au théâtre, et sans l'interprète que vous savez... Que vous dire? Il faut que je serve de pelote à vos épingles. Racine! Il est certaine lyre de laiton dont parle certain poëte anglais. Un tragique, lui! Du sentiment, cette définition dix-huitième siècle des rencontres de sympathie. Mais au delà... Le sujet fait explosion : vous croyez que la passion va rugir? Vous comptez sans l'homme du vers. Et la roture du terme ? et les quartiers de noblesse de la situation? et la décence ? Oh! pas d'inquiétude ! Il veut son œuvre vierge de trivialités vraies et terribles, le digne filleul de l'hôtel Rambouillet! Déroger jusqu'au cri de l'âme ? Pour qui le prenez-vous ? Pour Shakspeare ? De la passion, mademoiselle, Racine n'a jamais connu que ce qu'a bien voulu en partager avec lui le petit Sévigné.

— Et Corneille, monsieur l'ennemi mortel de la convention ?

— Corneille?... un très-grand mérite auprès des mémoires courtes : il leur permet depuis tantôt deux siècles, grâce à cinq hémistiches servis à propos, de se faire accréditer près de mémoires littéraires plus courtes encore. — Le soufflet sur la scène française, un vrai soufflet, un soufflet donné et nommé, les rudesses d'une langue qui se cherche, les imperfections d'un théâtre encore au débotté de Garnier ; mais une conception de la taille de Macbeth ? Et puisque l'espagnolisé est tout bonnement sublime, est-il un sublime plus glacial ? Demandez plutôt au chœur narquois des additions de la rue Richelieu, du temps que Rachel ne prêtait pas encore aux classiques. Tant pis pour les points d'admiration rétrospectifs, les gens qui marchent dans les souliers de leurs pères ! En ce temps, le public restait chez lui ; et, ma foi ! comme jugeur le public vaut bien la signature J. J.

— Pardon, monsieur, est-ce que vous portez vos habits à la mode de 1830 ?

— Je ne sache pas.

— Vous avez tort.

— Pourquoi, s'il vous plaît ?

— Parce que vous porteriez l'habit de vos opinions.

— Ma foi ! mademoiselle, depuis ce temps-là, on a tellement prêché l'orthodoxie du style, que je me suis fait hérétique en lisant les convertis.

— Avouez-le bien vite. Vous trouvez mauvais tout le dramatique d'avant dix-huit-cent. C'est une question de millésime.

— Mauvais, Dieu m'en garde ! mais ennuyeux carrément. C'est tout simple. Alors tout débutait, les récréations des yeux, de l'ouïe, du palais, de l'imagination. En ce temps de la chandelle, du violon Lully, des rudiments Vatel, du feuilleton Scudéry, du drame Esther, le ragoût n'avait pas besoin d'être si fort épicé. Mais depuis... Ah! depuis, comptez les mondes et les

Colombs : le gaz, Paganini, Carême, Balzac, Hugo! Racine est passé comme le reversi; et si par le plus grand hasard le culte de ces illustres antiquités nous reprend un jour, ce n'est qu'à l'âge où le diable perd ses droits sur nous. Oh! assurément oui, la prétention est toute moderne : on veut être intéressé. J'ai bien entendu soutenir que la première condition d'un portrait n'est pas la ressemblance, mais je vous assure que nous sommes pas mal de bourgeois en France qui pensons que la première condition d'une œuvre dramatique est d'être un drame; tout cela sans faire fi de la facture : nous rhythmons même à l'occasion le trompe-oreille d'une façon assez dix-septième siècle. Oui, le drame et la vérité, j'y prétends avec cet imbécile de tout le monde. Lui et moi nous sifflons les quarts de soupirs et les sensibleries coiffées au *rhinocéros*.

à la passion ses larges éclats et le déshabillé de ses désespoirs. Cette tragi-comédie que nous jouons tous, victimes ou tyrans, certains jours, les portes fermées, chez nous, qu'on nous la donne dans sa nudité, sans fausse pruderie. Mais regardez. Êtes-vous jamais sortie de notre théâtre tragique français avec une terreur? Toutes ces crébillonnades vous ont-elles jamais laissé dans la tête une figure douce ou terrible à qui vos souvenirs tressaient des couronnes de fleurs pâles ou de fleurs sanglantes? Ces madones de l'amour, Ophélia, Desdémone, ces visions qui sont à l'âme ce qu'est l'accord à l'instrument, et qui la font ouverte et prête à tous les rêves qui passent en robe blanche, cherchez-les dans nos alexandrins. Les chandelles éteintes, *ite, comœdia est*; et chacun se dit en sortant que Phèdre a bien joué. Puis il faut à notre siècle, ce grand questionneur, il lui faut des parce que. Il ne veut plus que, grâce à la musique du vers, les fils de l'imagination se montrent fils trop avares. Il fait l'addition de la dépense d'idées des tragiques français, et vraiment il trouve les retenues trop faibles. Ce n'est pas moi qui lui jetterai la pierre, s'il casse aux gages les cicerones de la tragédie et brise la loupe sur le nez de ces Casaubons qui trouvent de l'in-folio dans une virgule, et du transatlantique dans un monosyllabe.

— Ah! monsieur, n'auriez-vous plus un paradoxe sur vous pour les comiques défunts?

— En mes jours d'optimisme, mademoiselle, quand il y a du soleil en mon triste moi, je vois le monde comme un grand faiseur d'étapes qui n'arrive jamais, mais qui avance toujours.—Que Molière soit donc le premier comique de son temps, de grand cœur ! Mais qu'il se soit à jamais assis dans cette gloire, et qu'il y siége encore maintenant, qu'on appelle la Comédie la veuve de Molière, voilà l'exorbitant. Oh ! ne craignez pas, mademoiselle, que je vienne avec Cyrano de Bergerac, Rabelais, les trouvères et d'autres, en restitution de la galère du pauvre homme, et de *tutti quanti*. Je ne vous demanderai pas pourquoi vous vous gaudissez si littérairement au charabia du *Mamamouchi* et au prononcé du *Doctores*, vous qui vous croiriez déshonorée d'aller aux Funambules. Je pousse de suite au grand monde de Poquelin : Dorines métaphysiciennes, Gérontes-Cassandres, Lucindes insignifiantes, Arnolphes apôtres du pot-au-feu, Agnès impossibles, Aristes encombrants de bon sens, Gorgibus montrant le poing, Sganarelles, Sganarelles... car, entre nous, c'est un peu un martyrologe que le brave moraliste. S'agit-il de dandiner un mari ? c'est un jeu de cache-cache, où les portes jouent plus que les sentiments. Quand a-t-il fait rire l'esprit, s'il vous plaît ? Je vous assure que je ne suis jamais tombé à la renverse d'hilarité en lisant l'*Amphitryon*. Aussi ne serai-je jamais Voltaire. Le *Tartufe*, ç'a été une *Marseillaise* d'étudiants à toutes les époques. Après ? — Le *Misanthrope ?* Un beau titre qui promet un Timon, et qui tient le paysan du Danube. Un maniaque boudant l'humanité d'un procès perdu. Le manque de savoir-vivre n'a jamais été un caractère. Une pièce écrite, à ce qu'on dit, parce qu'il y a deux cents vers de portraits qui ne valent pas une page de La Bruyère. Et puis un misanthrope ridicule, depuis quand ? Tenez, on vient de lui découvrir un nouveau mérite au comique : c'est de n'être pas spirituel. — Ah! Figaro, que vous êtes vivant, que vous êtes homme, que vous êtes gai, que vous faites rire! Ah! mon frétillant, mon friponnant, mon coureur de Castilles, comme tu prends l'intrigue par la taille! et que tu la bernes, que tu la tournes! une, deux intrigues, et que tu les trompes! Comme don Juan, une intrigue à chaque bras! — Je n'ai pas de goût, je vous l'ai dit. Mais à mes yeux, mademoiselle, il y a quelque chose qui domine toutes les broutilles de la critique. Molière a bien fait un avare, un bourgeois gentilhomme, un misanthrope. En dehors d'études faites d'après nature sur les originaux, a-t-il jamais individualisé les vices, les ridicules, les passions de son époque dans une de ces grandes figures qui se nomment Panurge, Falstaff, don Quichotte, Figaro? L'analyse d'une infirmité morale demande du talent; la création d'une individualité typique commande le génie. Entre Molière, et Rabelais, Shakspeare, Cervantes, Beaumarchais, il y a pour moi toute la différence de l'analyse à la synthèse, toute la distance de la décomposition à la reconstruction.

— Et que faites-vous, monsieur, de l'opinion des grands pontifes de la littérature ?

— Je n'en fais rien. Le culte du défunt est pour moi le chef-d'œuvre des médiocrités vivantes à l'encontre des génies contemporains. Du moment que les piédestaux sont aux morts, les vivants sont bien près d'avoir tous la même taille.

— Si Planche vous entendait !

— S'il m'entendait ! Quoi ! l'école historique porte inscrits sur son fronton les noms de Guizot, Michelet, Louis Blanc, Villemain, Mignet,

Augustin Thierry ; quoi ! le théâtre acclame les noms de Victor Hugo et de Musset ; la comédie humaine se déroule sous la plume de Balzac ; le style a pour lapidaires Hugo, Sand, Cormenin, Musset, Janin, Gautier ; nos toiles portent les signatures de Couture, Decamps, Scheffer, Delacroix, Dupré, Marilhat, Troyon, Ziem ; nos marbres de Rude, de David, de Barye ; nos cuivres, la pointe glorieuse d'Henriquel Dupont ; quoi ! l'esprit humain, expropriant le passé, ouvre vers l'avenir mille rues parallèles, et fait relever à ses génies les cariatides lasses des siècles écoulés ; et c'est l'heure de crier : Misère ! c'est l'heure de clouer toute l'œuvre moderne entre les quatre planches d'une critique mortuaire ! De grâce, monsieur Planche, fouillez dans votre temple ; trouvez-moi dans toutes vos vieilles choses usées d'adoration comme l'orteil du saint

Pierre, trouvez-moi, je ne dis pas une histoire, je ne dis pas un roman, mais simplement un *Roi s'amuse!* Donnez-moi du lyrisme qui vaille la *Curée!* Chante-t-on souvent chez vous les *Deux Amours?* Vos comiques tiennent-ils la scène II de *Fantasio*, la scène avunculaire de : *Il ne faut jurer de rien* ? Avez-vous entreposé chez vous des colis du rhythme Lamartine, de l'harmonie Sand, du style Cormenin, du coloris Gautier, du scintillement Janin? De Courier ou de La Fontaine, quel est le bonhomme? La renaissance vous a-t-elle fait si exclusif, que vous chutiez tous les ans sans merci l'école française? Combien d'Orgies romaines dans votre grande peinture? Entre la ligne Ingres et la ligne Raphaël est-il pour vous des abîmes ? Vos paysages de 80,000 fr. valent-ils nos Bas-Bréau? Êtes-vous bien sûr que le bas-relief de la guerre déparerait un arc de Constantin? Vos portefeuilles sont riches, mais je n'y vois pas l'eau-forte du Mirabeau. — Le dix-neuvième siècle, monsieur Planche, il ne lui manque que le service commémoratif qui se dit pour les trépassés tous les matins dans les paroisses littéraires du royaume. Pauvre, lui dites-vous souvent; peut-être en sera-t-il de lui comme de ces mendiants millionnaires dans leur paillasse!

—Ah bah! une dithyrambie?

— Une maladie qui me prend rarement. C'est le premier, et, d'honneur! le dernier accès.

— Que non, monsieur. Je vous demande une rechute tous les samedis. Nous sommes remplis de classiques. Vous m'apprendrez l'éclectisme.

— Voulez-vous me faire l'honneur d'accepter mon bras? On passe au salon.

UNE CHAINETTE.

VII.

Mon père, monsieur, dit Mlle de Riedmassen, quand ils furent devant un homme de cinquante-cinq ans, grisonnant, à la physionomie calme, bienveillante, reposée.

Voici la brochette devant laquelle Charles s'inclina :

Une croix d'or, anglée de lions léopardés d'or, avec la légende en lettres d'or : *Furchtlos und Trew;* la croix de chevalier de l'ordre de la couronne de Wurtemberg;

Une croix avec un ours estampé en or et couronné, gravissant un mur à créneaux; la croix de chevalier de l'ordre d'Albert-l'Ours des maisons ducales réunies d'Anhalt;

Une croix noire émaillée, à quatre branches, bordée de rouge, avec les mots : *Fur Verdienste;* la croix de chevalier de l'ordre de Louis de la Hesse grand-ducale;

Une croix à huit pointes, écussonnée, avec la devise : *Integritati et merito*; la croix de chevalier de l'ordre de Léopold d'Autriche;

Une croix sans couronne, avec un lion d'or sur

un fond bleu, et la devise : *Virtute et fidelitate;* la croix de chevalier de l'ordre du Lion-d'Or de la Hesse électorale;

Une croix émaillée de rouge, bordée d'or, chargée au centre de l'image de sainte Anne; la croix de chevalier de l'ordre de Sainte-Anne de Russie;

L'étoile à cinq rayons de la Légion-d'Honneur;

Une croix octogone avec un lion d'or, le portrait d'Ernest-le-Pieux, et la légende en lettres d'or : *Fideliter et constanter;* la croix de l'ordre de la maison ducale Ernestine de Saxe, fondé en renouvellement de l'ancien ordre de la Probité Allemande.

La plaque du même ordre faisait scintiller sur l'habit de M. de Riedmassen ses rayons alternativement or et argent. M. de Riedmassen était commandeur de première classe de l'ordre de la maison ducale Ernestine de Saxe.

DE LÉANDRE A GÉRONTE.

VIII.

C'était une fort belle chinoiserie. Sur un fond de laque noir, vernissé comme une feuille de houx, quelque Philippe Rousseau de la province de Koueï-tchéou avait jeté de grands coqs déhanchés en saillie de cinq lignes d'or.

Charles amena entre l'index et le pouce la dose d'un fourneau à large panse.

Il le bourra, procédant au tassement avec la méthode endormie d'un Hollandais.

La pipe chargée, d'une main nonchalante, il prit au hasard dans une jonchée de papiers, alluma, approcha, aspira. « Ah! diantre! je m'allume avec du moulé à mon oncle! Si je répondais : « Est-ce la goutte ou des pertes
« au piquet? Tudieu! quel entrain à chanter
« pouilles, mon cher rabroueur! La meute des
« gros mots est lâchée. Que diable! pour n'être
« pas en journée chez le gouvernement, votre
« neveu est-il une recrue prédestinée aux cadres
« de la gueuserie? L'entendez-vous déjà souffler
« dans une clarinette à l'angle d'un pont? Pour-
« quoi toujours des verres grossissants à des yeux
« qui voient encore si bien? Mes passions? Mais

« vous les connaissez. Petites bourgeoises, elles
« n'ont pas appétit de primeurs, boivent du mé-
« doc, fument des vingt centimes, se promènent
« à pied, se gantent de noir, mettent dix pièces
« de cinq francs sur un crayon de Boucher,
« achètent un soir le beau plastique de la plus
« mince coupure de la Banque, mais ne pren-
« nent jamais le mors aux dents après un corps,
« après une fantaisie qui met plus de deux zéros
« à sa possession; des enfants terribles si doux
« qu'ils ne savent rien de mon capital, si peu
« classiques qu'ils ne savent rien du chemin de
« votre bourse, mon cher oncle, et vous me nos-
« tradamisez l'hôpital ! — De vous rabattre sur
« la viduité, la vacuité, l'inutilité d'une pareille
« vie; inutilité! La plaisante bouffonnerie! Être
« utile à ses semblables pour des mille francs,
« pour des cent mille francs, des millions de

« francs, ne crient-ils pas toujours : Au voleur !
« nos semblables? La viduité, la vacuité. —
« Une rare édition que le La Bruyère de *Mi-*
« *challet,* 1687. Sur le troisième rayon de votre
« bibliothèque, à gauche, près de la fenêtre...
« Feuilletez-le, et son voisin Chamfort, ils vous
« diront ce qu'ils pensent de ces deux mots et de
« votre neveu.

« Chose étonnante, et dont je suis presque seul
« à m'étonner! Parents, amis, — ceux qui vous
« veulent du bien, j'entends, — vous cherchent
« toujours la vie qui leur va. Vous va-t-elle? Peu
« importe. C'est une ligue de prières ou de ser-
« mons, selon l'âge et le sexe des affections.
« Entre nous, que diriez-vous d'un père qui for-
« cerait son fils à endosser ses habits, en lui di-
« sant : Ils me vont bien!

« Que voulez-vous? Portez-moi sur la mon-

« tagne, cher tentateur; là, dans une apothéose
« impossible, dallez-moi l'avenir de pièces de
« cent sous, plafonnez-le-moi de tout le strass
« des chancelleries d'Europe, pavez-le de vi-
« sages sur lesquels *on crache tout à son aise, et*
« *que l'on essuie avec la botte,* que je vous dirai :
« Ma médiocrité d'or, ô gué! ma médiocrité
« d'or! Mon ambition reste dans son entresol,
« et n'intrigue qu'après un peu plus de jour.
« Oui, vraiment, la sotte! vous ne lui feriez
« pas mettre le nez à la fenêtre même avec
« l'appeau d'un pouce des quarante-neuf mille
« pouces de ruban rouge. »

Charles jeta sa plume. Il s'enfonça paresseusement dans sa chauffeuse, posa les deux pieds sur le chambranle de la cheminée, lança au plafond un épais nuage de fumée, ferma les yeux. Des traînées lumineuses scintillèrent, des images confuses rayonnèrent. Bientôt dans un brouillard doré, semblable à ces poudroiements d'atomes qui dansent à la lucarne d'un grenier, tremblota doucement une tête de jeune femme nimbée d'or, aux yeux d'aigue marine, et des notes moqueuses chantèrent à son oreille.

Et mon oncle qui attend depuis un mois !

— La plume cria de nouveau sur le papier.
» Net, je refuse, et net je vous dirai que votre
« conception me semble au moins naïve. Je la
« saluerai si vous voulez, — elle et moi sommes
« de vieilles connaissances, — mais, pour lui
« donner les mains !... Offrir à mes vingt-cinq
« ans un état, une carrière, une attache, une ni-
« che, un collier quelconque dans un contrat de
« mariage ! Vous qui avez servi, mon oncle,
« vous devriez savoir qu'on ne met qu'un boulet
« aux soldats condamnés. Ce n'est pas que je

« nourrisse de préjugé trop mortel à l'institution,
« ni de superstition trop parisienne à l'égard de
« la nuance vert-pomme dans les gants de daim.
« On a trop médit du mariage pour ne pas l'avoir
« un peu calomnié. Seulement, je demande à
« réfléchir sur les inconvénients de la vie de gar-
« çon encore bien dix ans. Dix ans encore, mon
« cher oncle Tobie, laissez-moi à mon chemin
« de traverse; dans dix ans il sera bien assez temps
« que Tristram prenne la grande route ! — Le
« père a de l'influence ? Eh ! tant mieux pour lui.
« Mademoiselle de Rivière dessine à la mine de
« plomb, versifie, a des talents riches de trois
« lignes d'*et cœtera*; tant pis pour elle. »

Maudite pipe ! elle s'éteindra donc toutes les trois idées ! « Mais oui, je l'ai vue ; une grosse
« santé greffée sur une Méditation de Lamartine,
« une poitrinaire qui s'oublie à table, une élégie

« dépaysée dans un ovale poupin et vermillonné
« comme un Latour d'hier, oui. » Et Charles entrevoyait toujours dans la pénombre du plafond la tête de la jeune femme nimbée d'or, aux yeux d'aigue marine. Plus net, plus détaché se dessinait le charmant visage. Une fauve chevelure toute pénétrée des lueurs ignées d'un soleil couchant, toute pailletée de fils d'or, encadre de ses ondes crespelées un front légèrement bombé, glacé de tons argentins, bleuissant aux tempes en teintes de nacre. Sous l'arc profond de sourcils dessinés par un pinceau hindou, et dans l'ombre veloutée de longs cils, des prunelles limpides, rayon de soleil emprisonné dans une vague marine, dardent les feux prismatiques de l'émeraude cachée en l'orbite des serpents. Le nez en son arête fine et découpée semble profilé sur un camée antique. Sur une bouche petite, charnue,

empourprée, troussée moqueusement aux deux coins, tremblent des lumières humides. Le menton rond, troué d'une fossette d'enfant, s'enfuit par de vaporeuses ondulations vers un col du blanc tendre d'une agalmatolithe blanche..... Lampe d'albâtre qu'une clarté prisonnière illumine de rose, cette pâle et diaphane apparition semble refléter une lumière intérieure, et, nouvelle Antiope, éclaire la nuit d'une vieille toile de Léonard. La Joconde sourit amoureusement, et détache vers Charles ses belles mains... Charles rêvait le portrait de mademoiselle de Riedmassen.

Mille diablotins bleus ! Minuit ! Sabrons mon oncle ! « C'est un petit tableau d'intérieur char-
« mant qu'une mère de famille qui fait ses con-
« fitures : la bassine est sur le feu, les pots
« blancs et brillants sur la table, les grandes cuil-
« lers en jeu; les enfants sautent après la robe de

« leur mère ; les pots s'emplissent, les enfants
« se barbouillent. Il y a dans cette occupation
« de la femme je ne sais quelle onction : c'est la
« provision de l'année; ce sera la providence
« des goûters. Et puis elle revient vous embrasser
« les joues rouges et les doigts héroïquement
« coupés par la ficelle : on l'embrasse... Et
« tenez, mon oncle, je n'aimerai jamais les pou-
« pées à mécanisme trop compliqué. Et puis,
« cher monsieur Foy, n'y aura-t-il pas toujours
« assez sans moi d'honnêtes gens, on ne peut
« plus mariés, qui, par les gros dimanches de
« juin, en revenant de Saint-Cloud, feront des
« enfants sur les neuf ou dix heures du soir ? —
« Bah ! Malthus est un homme d'esprit, et une
« vieille bouteille ce qu'il y a de mieux dans le
« pire des mondes. Le général Dupont est mort.
« Faudra-t-il vous faire tenir quelques fioles

« d'un certain Chambertin qui se fait de plus en
« plus majeur comme son maître. Vous les aurez,
« mais à la suprême condition de reconnaître
« avec moi que vous êtes mon oncle et que je
« suis votre neveu, et que nous avons tous deux
« raison, vous d'être la raison et moi d'être la
« jeunesse. »

VOUS L'AVEZ RENCONTRÉ.

IX.

IX.

Or ce jour-là,—c'était le lendemain,—Charles trouva que le temps retardait.

Il alla à la bibliothèque, et demanda *Tristram Shandy*.

On lui répondit qu'on ne donnait pas de romans.(Sic.)

Il demanda le *Prométhée* de Jean-Paul.

On lui répondit qu'on ne donnait pas de traductions.(Sic.)

Il demanda les Mélanges publiés par les bibliophiles français.

On lui répondit qu'on ne les communiquait point. (Sic.)

Il demanda la *Revue archéologique.*

On lui répondit que la première année était encore à la reliure.(Sic.)

Il demanda la *Physiologie des passions*, par Alibert.

On lui répondit qu'on n'en avait qu'une traduction en espagnol. (Sic.)

Charles, qui était vif, s'avisa dans l'escalier, en face le tableau qui indique les jours où un monsieur explique le Kao-tsoung, (est-ce Kao-tsoung?) de cette réflexion que le catalogue des ouvrages absents ou réservés demanderait encore plus de temps à Messieurs de la Bibliothèque que l'autre catalogue : celui qu'ils ont mis dix ans à ne pas commencer.

Il fit Paris dans sa longitude, dans sa latitude.

Il badauda devant tout ce qui se regarde.

Il cadastra du lorgnon les plus agaçantes devantures de boutiques.

Il éperonna à les suivre les bas les mieux tirés.

Il mit un gant sur les 300,000 volumes qu grelottent sur les quais.

Il rendit des visites déménagées.

Il vit aux Jeuneurs la défroque frelatée du Temps passer et repasser sous le coup sec du marteau d'ivoire.

Il entendit des prodiges musicaux de sept ans de sexes divers.

Il donna des pains de seigle à Chevrette.

Il commença un feuilleton d'Élie Berthet.

Il fit la cour à sa maîtresse.

Il étudia dans l'esprit-de-vin du Museum des essais de fœtus à deux, trois, quatre bras, têtes, jambes.

Il s'enrhuma à toutes les enluminures d'église.

Il alla au spectacle.

Il vit des hommes danser.

Il entendit du Scribe.

Il entendit du Bouchardy.

Il ramena du bal de l'Opéra des épaules qui demeuraient rue du Dragon.

Il assista à une séance de l'Académie où M. Ancelot lut des vers.

Il assista à une séance de la chambre où M. de Mackau parla.

Il assista à une séance de la rue de Choiseul où M. Leboucher fit du chausson.

Il soupa beaucoup.

Cela fit quinze jours. — Le lendemain du second samedi, Charles se trouva sur le palier de M. de Riedmassen, la sonnette à la main.

EN FACE D'UNE SONNETTE.

X.

Et pendant que la sonnette tintait : Sonnette, sonnette ! — se disait Charles, — voilà que je te connais! Sonnette, voilà que je te fais parler, *drig! drig!* et je devais te laisser muette... Se prendre la main à soi-même, se promettre, triple fou! O fermeté de ce cœur qui saute après un sourire comme une grenouille après la pourpre d'un coquelicot! Magnifique organisme qu'un regard démonte et dérègle, superbe cervelle que les sept lettres : Je t'aime, retournent plus sens dessus dessous que la maison des Pilules du Diable!

Drig! drig! drig!

Volonté humaine, mauvaise pièce que je ne sais qui vous jette à vos premières dents! Volonté humaine, libre arbitre, grands mots capiteux dont se grise notre pygmée tout tourbillonnant sous les énigmatiques flagellations du fatum.

Drig! drig! drig!

Libre arbitre de la vertu avec le tempérament de Messaline; libre arbitre de l'honnêteté avec les angles faciaux de Cartouche et de Lacenaire;

libre arbitre de l'affectivité avec la faim. *Drig! drig!*

Oui, comme la créature a libre choix arrivée aux deux voies d'Hercule avec les instincts, l'appareil passionnel, tout le délicat chapitre des circonstances! Humanité! Humanité! Ne sens-tu pas le barbet qui te mène?

Drig! drig! drig!

Loterie, loterie la vie, si bien loterie, que les lois n'ont rien trouvé de mieux pour décider si on vous en prendra huit ans que les chiffres aventureux d'un loto!

Drig! drig! drig!

Le hasard des écus met au même lit un homme et une femme; le hasard allume la vie chez ce zoophyte vissé aux entrailles de la mère; le hasard du forceps te jette au monde complet ou ébréché, intelligent ou crétin; le hasard de l'éducation, de la fortune, des amitiés, te fait honnête ou scélérat; le hasard des événements qui ballottent ta petite personnalité te fait célèbre ou anonyme; le hasard des constitutions, des maladies, des accidents, de l'amour te fait vivre ou mourir.

Drig! drig! drig!

Animal né par hasard, se développant dans le hasard, mourant d'un hasard, va, tonton, va, tourne à droite, tourne à gauche, arrête, faiblis, tombe et meurs là où le maître a écrit ton *Hic jacet*.

Drig! drig! drig! Est-on sourd ici? —

Heurs ou malheurs, d'où venez-vous, anges noirs ou blancs?

Drig! drig! drig!

O rodomontades de l'argile! l'homme qui prétend à l'action de par ses deux livres de matière pensante, écrasée à tout moment sous cette volonté omnivoulante !

Drig! drig! drig!

Nous regimber contre les prétendus non-sens de l'œuvre, stupides acteurs d'une pièce que nous ne comprenons pas, affubler l'auteur de notre pauvre petit entendement de comparses, lui prêter nos notions sur la justice, la vertu, la morale !

Drig! drig!

Oh ! l'immense éclat de rire dans l'Empyrée !...

Allons ! bas l'illusion ! Qu'on soigne ses entrées et ses sorties ! qu'on joue docilement son rôle ! N'exagérons point nos cinq pieds. On a d'avance marqué à la craie tous nos pas sur la scène, et le hasard, ce suprême régisseur, ne permettra pas au plus fier capitan d'entre nous de s'en écarter d'un millionième de semelle.

La porte s'ouvrit.

ROCOCO.

XI.

Un vieillard s'inclina. Jean était maigre ; il avait deux mèches de cheveux gris aux tempes. Ses gros yeux bleus semblaient de verre dépoli ; il avait une grande bouche, de grandes dents.

Son habit bleu à boutons de drap s'échancrait largement aux hanches. Comme les bonhomies d'outre-Rhin, Jean souriait de toute la figure; et sur ses gros yeux, sur ses grandes dents, sur son habit bleu on lisait : Je suis un bon dévouement, meinher; un bon dévouement d'Allemagne bien gauche et bien dévoué.

« Que monsieur se donne la peine d'attendre ici quelques instants. » Et Jean souleva la portière.

Une vieille étoffe fraîche à faire croire d'hier le troc du clubiste de Luciennes contre une poignée d'assignats, tendait les murs. C'étaient de pimpants bouquets, la taille à l'aise dans de larges rubans roses, épandant, comme des corbeilles qu'on verse à demi, une pluie de boutons d'or et de fleurs des champs sur un fond de soie bleu tendre lamé d'argent. Le même satin habillait les meubles voluptueusement trapus et chantournés, sans laisser saillir un pouce de bois, sans laisser déshonorer la coquette enveloppe d'une seule esquille dorée; les mêmes bouquets se cassaient aux embrasses des fenêtres, les mêmes fleurs chatoyaient aux portières.

Au plafond, un petit modèle d'une des huit merveilles du chœur de Notre-Dame de Bruges tordait ses branchages lucifères autour de sa boule de cuivre.

Sur une cheminée en marbre blanc, deux brûle-parfums en bronze tonquin, volés par quelque bonze au temple de *Say-Lo-Zam-Tay-Vong*, épataient leurs panses de cucurbitacées sur les tortils enchevêtrés de végétations hybrides. Des serpents, noués aux anses par des tordions convulsifs, dardaient leurs têtes crêtées vers une fleur de lotus qui s'épanouissait en un merveilleux bouton. Au milieu pyramidait, irradiée de soleil, une terre cuite qui semblait modelée dans les mates transparences d'un savon rose. Une bacchante, la chevelure folle, le torse en arrière, dispute un raisin à deux faunins chèvre-pieds. L'un, ses deux petits sabots détachés de terre, tend vers la grappe et des bras et des lèvres; l'autre gît renversé sur le dos, à côté d'un fragment de thyrse.

La glaise que le figuriste avait choisie dans sa veine la plus onctueuse pour ce coin de bacchanale, tantôt ossifiée, tantôt mollie, aux arêtes sèches du bronze, mariait le gras estompé de la cire. La mignonesse potelée du contour, l'ovale géorgien des têtes, le caressé précieux des pieds et des mains, faisaient de ce Clodion un incomparable à ne plus laisser voir que des maquettes dans ses autres filles d'argile. C'est qu'aussi c'était le groupe d'amour du maître, son repos, sa joie du soir, le préféré que baisait son ébauchoir de buis du temps qu'il suait tout le jour à tirer du Carrare rude et mauvais et les bancs, et les vases, et les bas-reliefs, et l'Ondine de cette merveilleuse salle de bains que le baron de Bezenval se crut le droit de lui commander royale.

Sur des jardinières de bambou s'ouvrait un double éventail de camélias blancs. Jamais le roseau n'avait été tourmenté en entrelacs plus capricieux ; jamais autour de fleurs n'avait couru plus aérienne barrière ; jamais sur pieds de gazelle plus frêles un meuble de l'Inde n'avait posé.

De luxuriants buissons de roses mousseuses s'étouffaient au col serré de deux vases longs et fluets comme ceux que découpe un pan de ciel bleu sur la tête des canéphores antiques, —

deux magnifiques biscuits pâte tendre. — Des cornes enroulées de boucs à longue barbe descendait, sur l'ove du vase, une guirlande de fleurs et de fruits, comme les jette Huysum, avec des châtaignes si bien piquantes de toutes leurs épines de porcelaine qu'elles semblaient des châtaignes naturelles oubliées une nuit dans le lit pétrificateur d'une source de Sainte-Allyre.

Une bibliothèque d'ébène miniature, de la première manière de Boule, d'un goût d'incrustation qu'on ne trouve plus, lorsque dans l'ébène l'artiste sertit l'étain et l'écaille, trahissait par la vitrine du ventail supérieur tous les enfants perdus de l'*humour* sous des maroquins de Bauzonnet.

Sur une table cachée par un lourd tapis Perse, près d'un encrier de craquelé fleuri, à semis de *Torenia asiatica,* un dragon en cristal de roche laborieusement squammé, avec des yeux de rubis, le manche d'un vrai damas, gardait un livre ouvert.

Ce n'était pas tout : une minuscule touffe de chardons se peuplait de fourmillements cironiens. Scarabées, sauterelles, mouches, fourmis, bêtes à bon Dieu, évidés dans des grosseurs de têtes d'épingle, fouillés dans des épaisseurs de cheveu, se livraient, furieusement amalgamés, sous l'image de la Vierge, une gigantesque et microscopique coléoptéromachie. Cette lilliputienne sonnette d'argent était la sœur de celle que Cellini avait ciselée sur l'ordre de Benoît XIV pour la solennelle malédiction des chenilles, de celle pour laquelle le possesseur de Strawberry-Hill donna toutes ses monnaies romaines grand bronze ; memento que Benvenuto voulut toujours garder, et qu'il donna à son cher Giovanni Rigogli lorsqu'il crut mourir à Rome.

Aux angles s'adossaient des encoignures de laque de Coromandel, encoignures uniques, fabriquées à Caddalore sur la commande du fermier général de Courmont. En pleine entaille des oiseaux arcenciélés becquetaient des fusées de fleurs blanches et pourpres, foliées avec ces houppes tuberculeuses du vert cendré d'un émail byzantin. D'une plus éblouissante vivacité de couleurs, d'un éclair plus marmoréen n'eût pas éclaté une mosaïque de Florence encastrée dans du jais.

Sur les consoles s'étagent des écuelles de Sèvres aux initiales de Mme de Pompadour, des bols du Japon, coquille d'œuf clissée de filaments de bambou, des filigranes d'argent qui semblent filés par des araignées, des verres de Venise semés d'or aux procédés de fabrication perdus, des bonbonnières aux émaux de Parpette, des étuis aux camaïeux de Martin, des boîtes aux plus chastes cythérées du Raphaël des tabatières, les premières tasses de porcelaine de Saxe sorties du laboratoire du *Jungferbastei*.

Quelques Flamands, inimitables *bambini* encore inédits, couronnent de leurs statuettes de poirier ce microscome de la curiosité.

Trois clous trouaient la tenture : deux Vidal et une magnifique miniature de Mlle de Riedmassen.

Mlle de Riedmassen n'avait pas le goût de votre tapissier, monsieur Jourdain !

ESCARMOUCHE.

XII.

— Mille pardons!

— Mademoiselle, votre salon ferait attendre des gens plus attendus que moi.

— C'est vrai, monsieur; vous avez mis tous

les samedis le chapeau de Fortunatus : mais pourquoi vous découvrir? vous savez bien qu'on ne tire pas sur les revenants.

— Mais sur les contumaces?

— J'ai dit les revenants, monsieur, fit Mlle de Riedmassen dans un sourire.

— Merci, mademoiselle. — M. votre père est...

— A la chambre, monsieur; il est allé panser vos ministres. Oh! des démentis de tribune, rien de plus!

— C'est vrai. L'orage d'hier...

— Savez-vous, monsieur, que je vous attendais?

— Doutez de tout, mademoiselle, mais ne doutez pas de vous-même!

— Vous savez, monsieur, l'enfant à qui l'on refuse la lune... Eh bien! je suis un peu cet enfant gâté ; et ne voilà-t-il pas que vous vous êtes fait pour moi impossible ! Que faites-vous donc de votre hiver, monsieur ?

— Du sommeil, de la fumée de cigare, des châteaux de carte, et des dates dans la neige, mademoiselle.

— Vous êtes presque aussi triste qu'une consultation d'Andral.

— Vivre peu, souffrir moins, dit une vague à sa sœur. Vous savez qui a dit cela ?

— Bon ! monsieur, vous ni mes poëtes ne me ferez jamais la vie si maussade qu'on ne puisse vivre avec elle. Elle a de bonnes heures et de belles fièvres. Moi, voilà vingt-sept ans que j'en ai pris mon parti !

— Prenez garde ! vous antidatez un peu trop votre bon ménage.

—Ah ! monsieur, me faire répéter ! Oui,

monsieur, vingt-sept ans! j'ai vingt-sept ans, vingt-sept ans en belles et bonnes années sonnantes et trébuchantes!

Et, ce disant, Mlle de Riedmassen, s'allongeant sur sa causeuse, faisait onduler le délicieux sansfaçon de sa toilette. Sa pose profilée, toute pleine de révélatrices coquetteries, avait tout le naturel d'une charmante rencontre. Ses cheveux relevés en neige aux deux tempes se torsadaient opulemment au chignon dans les lacs d'un velours vert qui cascadait sur l'épaule. Une amazone écossaise, dont le fond blanc se rayait de mille raies, s'échancrait à la taille et s'ouvrait sur le plus précieux pectoral étageant jusqu'aux premières lignes du cou ses bouillonnés de Malines. Des coudes aux poignets, de larges manches pagodes évasaient leurs buissons de dentelles.

— C'est une idée assez originale d'être restée

vieille fille, n'est-ce pas? Et vous, monsieur, comptez-vous rester, comme moi, éternellement garçon?

— Mademoiselle, Ésope se promenait, une patrouille passe : — Où allez-vous? — Je n'en sais rien. — En prison! — Vous voyez bien que je n'en savais rien.

— Ce qui revient à dire que...

— L'homme n'a qu'une volonté, le hasard en a deux, mademoiselle.

— Votre Koran n'est pas galant, monsieur; et puis, ce n'est pas mon livre. C'est la religion des bras croisés. En ce monde, il faut vouloir trop.

— C'est bien fatigant, soupira Charles.

— Ah! monsieur!... Allons! vous vous entendrez beaucoup mieux à être mari que je n'aurais cru! Que l'avenir vous soit marieur!

— Cet avenir-là, c'est bien loin, mademoiselle.

— C'est demain, monsieur. Encore hier, un de mes valseurs, M. de Lautrec, est parti pour son voyage de miel en Oberland.

— Oui; l'on va inscrire son bonheur sur tous les livres d'hôtel. C'est un...

— Usage, monsieur.

— C'est ce que j'allais dire, mademoiselle.

— Eh, mon Dieu! vous y passerez tout le premier!

— Je ne crois pas. Si je mettais le poêle du mariage dans une voiture de poste, ce serait pour aller bien loin, bien loin... à quelques lieues de Paris, et là, dans un petit nid de fleurs et de verdure, je cacherais si bien ma jeune épousée.....

— Ah! monsieur! les chemins de fer ont tué le Lignon!

— Peut-être.

— Vous avez beaucoup voyagé?

— Assez, comme vous le voyez, mademoiselle, pour mettre le coteau de Sèvres au-dessus du lac de Thun.

— Bravo! monsieur, je vous retrouve. Vos paradoxes n'ont pas vieilli d'un cheveu.

— Pardon, mademoiselle, toujours cette mauvaise habitude de ne pas prendre l'heure à la montre des autres.

— Avez-vous lu les *Débats* ce matin?

— Je ne sais plus.

— Savez-vous si nous aurons des troubles le mois prochain?

— Est-ce officiel?

— Vous riez?...Vraiment vous êtes en France d'un détachement pour le pouvoir! Vous regardez passer les gouvernements...

— Comme à peu près la rue Notre-Dame-de-Lorette regarde passer les corbillards.

— Vous êtes Parisien?

— Autant qu'on peut l'être. Je donnerais toute la province pour vingt toises de boulevard !

— Oh! oh! vraiment?

— Mademoiselle, à Paris, si je sors le soir, je trouve, passé huit heures, du monde dans les rues; si je perds vingt francs au whist, on ne me regarde pas d'un air apitoyé; si j'ai une femme au bras, je ne suis point tenu de souffleter un Clavaroche de garnison; si je vais au spectacle, je profite de ce que les pièces changent pour ne pas toujours voir la même; enfin, si mon voisin me salue, je le salue, et nous en restons là.

— On ne peut être plus mauvais Français en meilleurs termes! — Encore de la pluie! Mais voyez donc ce printemps qu'il fait. En vérité, par ce ciel gris, on ferait des reproches à Alexandrine, une corne à son Balzac, et de la morale à son chien !

— Mais, mademoiselle, je vous aurais crue faite à ces petites maussaderies du temps. Votre bonne vieille Allemagne, je l'ai vue, elle a un bon vieux ciel gris, aussi gris que le nôtre, et un soleil penaud et racoquillé qui a l'air de regarder les poêles d'un œil d'envie.

— Eh ! monsieur, n'est-ce pas Mignon qui soupire après le pays des orangers ? — Avez-vous été au bal de l'ambassade de Prusse ?

— On a donné un bal à l'ambassade de Prusse ?

— Oh ! mais vraiment, monsieur, vous êtes pour moi une véritable curiosité, comme le serait un quaker. Vous devez demeurer rue Plâtrière ou à côté, et copier de la musique?

— N'ayez pas peur, mademoiselle, je ne refais pas l'*Émile;* je ne demeure pas rue Plâtrière, parce que je demeure rue Caumartin ; je ne copie point de musique, parce que je n'aime ni les copies ni la musique; et si je ne vais pas au bal de l'ambassade de Prusse, c'est que je suis tout bonnement un ours, mais un ours sans parrain.

— On me l'avait promis, monsieur; mais l'ours est apprivoisé par Marivaux. — Avez-vous seulement mené votre lorgnette aux Italiens de l'hiver? Je parierais que non!

— Vous avez gagné.

— Vous ne respectez rien !

— Pas même l'ennui.

— Pauvre troupe au reste, misérablement glanée! Mais n'est-ce pas une honte? vous, le peuple chevalier des belles choses, Paris, le jury de l'art, n'avoir pas trouvé à ce nom de Grisi une pièce de cent sous à jeter sur l'enchère de Lumley!

— Mademoiselle, nous avons quatre cents millions au budget de la guerre.

Charles se leva.

Il y eut un moment de silence. Mlle de Riedmassen restait assise sur le divan et s'amusait à jouer avec un écran en plumes de cygne.

— Si je vous convertissais? fit-elle lentement sans regarder Charles.

— A quoi, s'il vous plaît?

— Au monde.

— Mademoiselle, je crois toujours aux miracles que je vois faire.

— Rasseyez-vous, monsieur. L'autre soir, j'écoutais cet esprit brutal, grondeur, casseur de vitres. Je ne sais comment cela s'est fait, mais je me suis sentie tout doucement portée vers les braveries du franc-juger; vous m'avez presque conquise aux jeunesses de l'art. — C'est un mauvais goût dont vous ne pouvez sérieusement me vouloir. — Eh bien! alors, je me suis dit : — Ayez toujours à l'esprit l'enfant et la lune, — je me suis dit ce que je vous disais à l'instant même : Monsieur, il faut aimer le monde.

— Un pourquoi ?

— Mon bon plaisir donc! Vous oubliez trop, monsieur, que notre gouvernement n'a pas encore passé sous les fourches constitutionnelles.

— Un pourquoi? Je pourrais bien vous dire que vous m'y rencontreriez.

— Mademoiselle...

— Vos raisons pour ne pas aimer le monde?

— Celles peut-être pour lesquelles vous l'aimez.

— L'aimer?... Croyez-vous que j'y vais pour le plaisir que j'y trouve? Et le plaisir qu'on me donne?.... Vous me comprenez, monsieur le caustique?

— Vous me flattez, mademoiselle, d'un bien vilain défaut.

— Tant pis! nous l'aurions partagé. — Mais parlons sérieusement : tout le monde a une ambition, vous en avez une comme tout le monde. Laquelle? je ne sais, et ne vous demande point votre secret. Ceux-là qui restent obscurs en leur vertueux chez eux s'appellent des niais. Le monde est le surnumérariat des gens de flair, le grand chemin de l'argent et de l'illustration, chemin que les sots ont depuis longtemps appris aux gens d'esprit. Les cuistres les plus tachés d'encre valsent aujourd'hui. Êtes-vous converti?

— Croyez-vous, mademoiselle, que ce soit bien précisément au monde?

— Ah! monsieur, nous sommes à Paris, Paris dont un de vos écrivains les plus chers a dit que c'est la ville où il pue et où l'on n'aime point.

— Êtes-vous bien sûre que cette définition de sainte Thérèse soit à sa place?

— Je vous croyais sceptique, monsieur.

SOYEZ LES BIENVENUS A ELSENEUR.

XIII.

C'est un pays étrange et merveilleux! C'est là où se font les maris cocus, les fleurs fanées, les domestiques rentiers, les femmes usées.

C'est là où le succès fait la gloire, où le nom

fait l'homme, où l'argent fait le nom; là où l'on triche l'amour, là où l'on se ruine en paraître, là où l'on se brûle aux flambeaux.

C'est le pays des truffes, des truffes et des blanches épaules, du champagne et de la décence, de la gaze et des diamants, de la *cordace* et des révérences, des : Mon bon ami et : Ma pauvre chère, du banal et des drames, des sourires et des gastrites, du *cant* et des chaudes odeurs : une scène, une antichambre, un tripot, et, s'il vous plaît, un tribunal !

Ce monsieur qui pirouette est un homme de robe, et celui-ci qui fait des calembours est un diplomate, et cette dame qui cause d'or à trois têtes de loup arrachées de sable est la fille d'un marchand de bois.

O Kirchhof de Bâle ! ta danse n'est pas plus drôle que cette danse des vivants !

Terrain neutre que le salon de M. de Riedmassen où la noblesse et la bourgeoisie s'attablent à la même gamelle politique.

Derrière de pleins canapés d'influences papillonnent mille ambitions impubères ou quinquagénaires aux ailes impatientes : les jours de nominations, monsieur le commandeur rédige un peu *le Moniteur*.

Ceci est un universitaire; impossible en conscience de porter la livrée si bien et à meilleur marché. Une décoration : vous avez un client, trois, un bouffon. C'est tarifé. Tenez, il a pris à la porte une grimace pour un sourire, et voilà le Céladon en *us* à lâcher son tudesque béotisme dans le pays du Tendre, à arrondir les angles de sa personne devant les nubilités financières. Au demeurant, la face plate, les lèvres batraciennes, berné et content, tirant la manche aux excellences, et le meilleur fils du monde.

Elle ne les paraît pas. Des épaules de satin mat qu'ont pourtant lustrées bien des amours, amours au reste avec privilége de mari; chutes combinées dans un système de bascule qui ont pris monsieur en bas pour le mettre en haut. Les envieux lui reprochent de s'exagérer le péril qu'elle trouve à penser... Vous l'avez nommée.

Quelque chose de sonore, de brusque, de saccadé, un impérial fracas de voix et de geste escorte cet illustre général derrière lequel les gens de silence se prennent à chercher un bancal. Avant tout un de ces hommes carrés par la base, grand coupeur d'oreilles, tête organisatrice à qui l'armée doit un nouveau modèle de boutons, homme de bonne compagnie s'il en fut, disent les dames : il note près du ministre les officiers qui coupent leur pain à table.

Cette petite jeune veuve, cette petite volontaire de l'intrigue, trottine d'une oreille à l'autre. Elle va, elle vient, elle cajole; elle est ici, elle est là; elle se gracieuse, elle écoute, elle répond, elle demande. C'est la mouche diplomatique du coche de l'État, sautillant sur ce qu'on dit, butinant ce qu'on ne dit pas, chatouillant le nez des ventrus jusqu'à la lisière du centre gauche. Elle sait l'hier de tous les gens; elle travaille à mille demains, au vôtre peut-être; elle mène les plumes qui signent; elle appelle à l'émargement. Toute la journée, elle renverse des encriers sur les constitutions de l'Europe. Faut-il un aumônier, une sage-femme, un secrétaire, un ambassadeur? Sa tête a plus de casiers qu'un bureau de police. Elle vit en s'évertuant. Sévigné politique jusqu'à deux heures du matin, elle trouve encore le temps d'être la bonne d'enfants d'un de nos Nestors.

Penché sur le dos d'une causeuse, un comte des croisades, l'homme de France qui s'entend le mieux à monstruosifier les bêtes, fait sourire de détails techniques une femme sèche et nerveuse comme la jambe d'un cheval anglais.

Dans ce mouchoir à carreaux bleus se mouche un confident de ce grand homme qui a osé comprendre que l'humanité est à vendre.

— Est-elle enceinte?

— Non. Je viens de valser avec elle, répond un gilet blanc à revers de soie bleue, le mignon de la mode, un baron de Fœneste, un fils de d'Artagnan, le beau, l'heureux, le Lauzun des pudeurs entre-bâillées, le comprometteur, l'irrésistible, le fêté du jour, dont le Genevois aurait dit que ses liaisons durent un peu plus qu'une visite; luisant, brillant, bruyant, et vide comme un grelot. — Qui vient de lui mettre un acquit au bas de ses habits, et une préfecture dans la poche?

Guindé, raide, boutonné, long, maigre, osseux, monosyllabique, la voix grêle, le geste mécanique, un spécialiste, l'Atlas de la question indigotière, je crois; un Paul-Louis de la bonne école, contempteur de la métaphore, et toujours prêt à laisser tomber de ses lèvres le trop peu connu : Si on voulait! de Nisard, — du *National*.

Un ventre qui court le monde. Son nom? Un Samuel Bernard au XIXe siècle. Seulement, celui-ci ne se laisse pas tricher au jeu comme son aîné, presque au contraire; enseigne vivante, et gabionnée de lard du proverbe chinois : Sur cent pensées d'un homme riche, il y en a quatre-vingt-dix-neuf pour le devenir davantage.

Cet homme est un honnête homme.

Entre ces deux portes, écoutez ce monsieur qui raconte une tout autre bataille d'Isly que celle que vous racontait M. Bugeaud. Il a une histoire et des biographies à lui. Aux grands noms, il peut ajouter des chapitres instructifs; aux probités illustres, des *post-scriptum*, et, s'il raconte jamais un trait de vertu sans *errata*, il le coupera du sourire de Panurge achetant les moutons de Dindinant.

Et tout cela cause et va, se promène et marche des coudes, et, par-dessus le bruit des causeries, des orchestres et des parquets foulés, bourdonne la litanie des petits agneaux, robes roses et blanches :

Sainte Marie !
Que j'aie un mari !
Saint Josse !
Qu'il ait un carrosse !

Et ce jeune homme qui se penche vers cette demoiselle aux yeux d'aigue-marine...

Charles contredanse, valse, polke, rédowe, mazourke tous les samedis. Tous les samedis, Charles apporte chez M. de Riedmassen pour presque toutes un assortiment de fadeurs presque spirituelles, pour les oreilles moussues une ample moisson de juvénilisantes gravelures. Pour l'amphitryon, il glane d'indiscrets autographes de la Bohême. Charles se fait bonhomme ; il devient le complice de toutes les illusions, le cornac des mères au buffet, crayonne des caricatures inoffensives comme un gendarme suisse ; il n'a que l'esprit qu'on a. Sous l'éventail des Parisiennes,

Charles se rit à mi-voix des caparaçonnements provinciaux. A l'abri derrière les épaisses épouses des législatifs, il attache sans se montrer le grelot aux ridicules métropolitains. Avec vingt-huit costumes imaginés pour un mardi-gras, il a l'impossible talent de satisfaire vingt-huit jalousies de femmes. Ganté par Boivin, il presse indistinctement le doigt de toutes ses danseuses, et n'invite que bien rarement Mlle de Riedmassen.

En un mois, Charles était l'ami de tous les maris, en n'étant que l'ami de toutes les femmes.

UNE LETTRE INÉDITE

DE

Mme DE MAINTENON.

XIV.

Il est à Bruges un tableau de vieux maître qui représente l'adoration des bergers : au milieu du tableau, une fenêtre s'ouvre, et le peintre passe la tête.

Pourquoi ne pas faire comme le maître ancien? Les marionnettes savent leurs rôles, l'intrigue est graissée, les décors prêts. Nous avons le temps : ouvrons un chapitre et causons, lecteur.

Est-ce un roman, une nouvelle, une étude? —Qui sait?

Est-ce une histoire? — Pourquoi pas? Elle serait aussi vraie au moins que beaucoup d'autres. M. de Noailles a bien écrit celle de madame de Maintenon sans lire à la bibliothèque de l'arsenal, manuscrits de Conrart, série infolio, t. XI, p. 151, la lettre suivante de madame Scarron :

« Je hay le peché; mais je hay encore davan-
« tage la pauvreté; j'ai reçeu vos dix mille écus;
« si vous voulez encore en apporter dix mille dans

« deux jours, je verray ce que j'auray à faire.
« Je ne vous défends pas d'espérer. »

NI MANFRED NI DON JUAN.

XV.

Charles ne mit rien de travers, ne monologua point, ne s'éprit point du clair de lune, ne commit point de coq-à-l'âne, n'eut pas une réticence avec ses amis, ne perdit point le sommeil, ne ferma sa porte à aucune habitude, ne soupira, ne maigrit, ne pâlit.

Il ne devint ni poëte, ni ridicule, ni mystérieux, ni bavard.

Son esprit n'eut point de coulure, sa gaieté point de temps d'arrêt. Georges de la *Taverne* ne vit pas baisser d'une demi-portion son appétit. Il était Charles comme devant. Mais au dedans, — ce dedans si bien paré des fièvres d'ambition et des labeurs de sentiment, — le sirocco avait soufflé; et le lazzaronisme de cet esprit étendu tout le jour sur les chaudes dalles de l'indifférence se sentait déjà sourdement remué.

Se refaisait-il la vie? trouvait-il des heures trop longues, d'autres trop courtes? n'avançait-il pas certaines visites? ne prolongeait-il pas certaines promenades? n'avait-il pas de nerveuses jouissances? Oui : donc il était amoureux; c'est du moins ce que Charles se dit un matin en mettant ses bottes; et comme Charles était avant tout un homme logique, à cette maladie qui se jetait sans dire gare à travers ses placides soixante-cinq pulsations, il chercha de suite un exutoire, prit une plume, écrivit, s'habilla, mit son chapeau, donna sa lettre à un commissionnaire, et, comme il était rue Saint-Lazare, monta dans un wagon qui portait écrit : Sèvres.

BAS-MEUDON.

XVI.

Il y a là au milieu des roseaux frémissants, au milieu des saules penchés sur l'eau, un vieux bac moussu, la tête enfoncée sous les larges feuilles verdâtres des nénuphars qui enjambent ses planches disjointes. Sur une barque, un vieux marinier à la chemise blanche, silhouette éblouissante, tire péniblement le sable. Une croisière de canetons, flocons de plumes courant sur l'eau, cingle vers des bancs de plantes submergées dont le vert pourpré brise seul l'image du ciel qui se regarde dans la rivière.

La rivière coule, douce, et s'endort dans ces îles bénies qui la reposent avant son courant de Saint-Cloud.

Il est midi. Le ciel est bleu, partout bleu. Des balayures de nuages, gouttes de lait épandues dans l'éther, s'envolent à l'horizon. De poudroyantes clartés illuminent l'espace, et, détachant les derniers voiles, accusent vivement les contours noyés sous l'estompe du matin. Tout rayonne. Le fleuve, comme un immense poisson tout cuirassé d'azur et d'or, secoue à tout moment, dans un pan d'ombre, ses millions de paillettes, comme d'étincelantes écailles.

Le soleil allume une à une les dernières émeraudes du feuillage, et, perçant les sombres masses de verdure, les pénètre de transparence, et ne laisse qu'une ombreuse percée dans cette verte saulée assise sur la rive de l'île au pied du vieux bac.

La rivière susurre ; le bourdonnement des insectes, le *stri stri* incessant du grillon, les sourds battements d'ailes dans les hauts peupliers, les notes étouffées de lointaines chansons, le bruissement des germes qui s'élancent à la vie, joyeux et crépitants, remplissent le silence de ce murmurant hosannah que chante une belle journée.

Par instants, une brise sans haleine passe dans la feuillée ; les branches amoureuses renversent l'une sur l'autre leurs feuilles qui s'argentent.

Les roseaux s'inclinent et font, le long de la rive, onduler leurs arches vertes ; l'eau frissonne et se ride de moires diamantines. Mille senteurs pénétrantes et vagues, tout ce parfum sans nom de plantes aquatiques flotte dans l'air comme un invisible encens. Un ramier perdu dans le lointain soupire un long roucoulement. Sous l'écorce qui l'emprisonne, murmure la séve ; sur les plantes pâmées s'abat le pollen ; de magnétitiques effluves se dégagent de l'eau, des bois, des fleurs ; une chaude ivresse embrase la création ; l'universelle nature se parle d'amour et s'agite, palpitante, sous les chauds baisers du midi.

Sous cette verte saulée aux troncs tordus comme des grenadiers de Barbarie, sous ce frais dôme que ferme un branchage pressé, là où la lumière n'entre que discrète et voilée, Charles est couché au milieu des hautes herbes. Toutes les épouses du fleuve forment le tapis de ce mystérieux recoin que diaprent en leur promenade les étincelants écuyers du dieu Thor, de ce recoin tout constellé des libellules, des éphémères, des raphides, des friganes, des hémérobes, des buprestes, gemmes vivantes que la petite reine Mab attelle à son carrosse pour prendre le frais.

— Nifa, ma sœur, Nifa, viens voir !

Il était là depuis près d'une heure, essayant de traduire le soleil, les herbes vertes, les saules argentés, le ciel bleu, les canards en joie, le vieux bac, quand une petite robe rose passa rapide dans la verdure. L'enfant, en l'apercevant, s'arrêta ; puis, voyant qu'elle était vue, elle s'enfuit en courant, puis elle revint ; une fleur, un papillon, la curieuse eut mille prétextes pour se rapprocher ; puis, plus osée, elle se mit à tourner autour du dessin de Charles, rétrécissant son cercle à chaque tour qu'elle faisait, dardant un coup d'œil, repartant comme une biche effarée, et n'osant pas, et revenant, et se rapprochant toujours...

— Nifa, ma sœur, Nifa, viens donc voir !

Charles leva la tête. Il vit Nifa,—la jeune fille du spectacle. Elle accourait, un pan de robe relevé sur une riche moisson de fleurs. Elle prit la main de la petite, et toutes deux regardèrent sans rien se dire.

— Sœur ! sœur ! Oh ! la belle fleur jaune !

— C'est trop loin, chérie, tu tomberais dans l'eau.

— Si le monsieur voulait !

— Chut ! petite !

Charles s'était déjà attaché d'une main aux branchages du saule qui baignait dans le fleuve, et détachait le nénuphar. La petite fille bondit vers Charles, et Charles prenait plaisir à la faire sauter après la fleur au calice d'or...

— C'est bien joli ce que vous faites là, dit Nifa, tout embarrassée de remercier, en indiquant le carton.

Elle jeta ses fleurs à terre, s'assit, et se mit à ranger sa cueillette.

— Si vous voulez que je vous aide?

— Eh bien! c'est cela, monsieur; prenez-moi celles qui sont les plus longues. — Allons, finis donc, folle! dit-elle en riant à sa sœur qui lui avait jeté par derrière les bras autour du cou, et l'embrassait avec les introuvables lutineries de l'enfance. Pauvre petite! elle me donne tous les baisers qu'elle a en dedans! — et Nifa prit sur ses genoux l'enfant, et mit entre elle et Charles une adorable et sainte pose de madone. Maman, à la maison, ne veut pas qu'elle joue comme ça avec moi, rapport à mon ouvrage. Petit front rose, petit front rose, petite bouche rose, et ces bonnes joues-là, à qui c'est, grosse réjouie ? hein ? Dire, monsieur, qu'au mois d'avril, nous étions si maigre, maigre à faire peur ! On n'étranglait pas sa sœur comme aujourd'hui, pas vrai, Lili ? Et on s'en allait sans rien dire pour ne pas faire pleurer. Cher ange ! — Et Nifa, avec un de ces beaux airs d'orgueil qui font les mères si belles, Nifa caressait et faisait ruisseler sous ses doigts une noire chevelure aux reflets de carmin.

— Laissez voir, dit Charles, je n'ai vu de ces cheveux-là qu'en Afrique : c'est la teinture des juives d'Alger.

— Vous la reconnaissez, monsieur ? Oui, maman est d'Alger ; les Arabes, comme on nous appelle dans le quartier. Mauvaises gens! ils se moquent de mon nom. Qu'est-ce qu'il leur a fait? mon père l'aimait tant!

— Vous avez perdu votre père, mademoiselle?

— C'est dommage, allez, que nous l'ayons perdu! Elle ne l'a pas connu, elle. Si bon et brave pour l'ouvrage! il m'aimait tant! Il était toujours à vouloir que j'eusse d'aussi belles robes que les petites demoiselles, et il travaillait pour ça, fallait voir! Pauvre père! ça lui faisait plus de plaisir que si c'avait été lui qui mît mes robes. Voyez-vous, il y a de ces choses qui ne se détachent pas ; je me rappelle le jour où il mourut comme si c'était aujourd'hui. Il donnait sur son lit un rayon de soleil... tenez, comme celui qui donne là.

— Cette fleur, où la mettons-nous, mademoiselle, s'il vous plaît?

— Ici... oui. Vrai, nous ressemblons aux juives d'Alger?

— Vous êtes aussi belles toutes les deux.

— Regardez... là, au bout de mon doigt... Avez-vous vu? Un poisson qui saute. Mon Dieu! la belle journée! Qu'il fait frais ici! Le bon air de campagne! Les hirondelles volent-elles haut! Comme les fleurs sentent! Que les demoiselles ont de jolies ailes vertes! On ne vieillirait pas sous ces arbres. Faire des bouquets toute sa vie, oh! le beau rêve! Et puis la rivière qui vous appelle...

— J'ai là ma yole...

— Oh! sœur! dit la petite avec un regard de prière.

— Merci, monsieur, ma mère dîne là, dit Nifa toute rouge... et elle indiquait du doigt dans une étroite éclaircie une maison lie-de-vin d'où filtraient à ce moment des refrains bachiques.

— Et vous, mademoiselle, vous nourrissez-vous d'air et de soleil?

— Ah! monsieur, c'est si bon, quand on a toujours devant soi de vilains grands murs tout noirs; ma foi! on en fait provision quand on peut. Les dimanches, il ne fait pas toujours beau. Et puis nous avons, Dieu merci, des estomacs d'oiseau. Le bon Dieu a pensé à nous, bien sûr! avec un rien, on a dîné. Les messieurs ne savent pas cela : mais le ruban de notre cou, la fleur à notre fenêtre, c'est quelquefois ce que nous avons à mettre sur notre pain. Oh! je ne me plains pas, allez! Nos bonheurs, c'est comme nos fichus, c'est en tulle; mais ça ne fait rien, ce sont des bonheurs. Les choses vous viennent trop vite à vous ; c'est bon tout de même de les aller chercher. On va comme ça au bout de ses désirs. Et puis, vous, quand c'est passé, plus rien ; n, i, ni, c'est fini ; c'est comme un feu d'artifice. Vous reviendriez demain ici que vous ne penseriez guère à aujourd'hui !

— Croyez-vous ?

— Les lendemains, c'est encore si agréable ! Toute la semaine, pendant mon ouvrage, je me ferai tenir compagnie dans ma petite chambre par ces arbres et cette belle eau. Cette journée-ci, je la ferai durer comme ces fleurs que j'empêcherai de sécher. Ça m'embaumera toute la semaine.

— Oh ! non, mademoiselle, vous n'êtes pas seule à garder de ces fleurs qu'on ne laisse pas sécher et qui embaument le cœur ! Bien souvent moi aussi j'ai demandé au souvenir d'enivrantes jouissances; bien souvent j'ai évoqué une brune tête de jeune fille entrevue par un soir d'hiver. Elle avait vos cheveux noirs, les flammes de votre œil, votre air triste et caressant, comme vous elle avait un parfum de jeunesse et de virginité. Bien des fois, pendant que ma pensée rêveuse était couchée sur l'herbe, je me suis dit : Si un beau jour me la montrait doucement enivrée de la nature en fête; si sa poitrine s'agitait émue sous de vagues révélations; si sa joue rougissait et pâlissait comme la vôtre; si son cœur prêtait l'oreille à ce que dit la feuille qui remue, l'oiseau qui chante, le vent qui passe, à toutes ces voix qui nous disent : Aimez-vous! aimez-vous! Ah! dites l'heureuse vie à deux sous les saules, au travers des blés jaunes, sur le bord des ruisseaux, par les sentiers perdus des forêts! Oh! l'heureuse

existence pour ceux qui revenant tous les jour
ici, la main dans la main, doucement épaulés l'ui
à l'autre, laisseraient, éternellement amoureux,
couler leur vie au bercement du fleuve! — Nifa!
si vous m'aimiez!

— Aimer?

> Je t'aimerai toujours!
> Ça dura huit jours.
> Ah! ah! ah! les drôles d'amours!
> Ah! ah! ah! j'en rirai toujours!

Vous avez de belles paroles, de bien trop belles
paroles. Il y a des jours, je ne dis pas, où quand
je vois tout le monde qui s'en va content, — nous
entendons de chez nous des musiques de bal, —
je vois les gens qui passent; il y a de ces jours
comme cela où il fait un air de chanson : c'est
un jeudi, c'est un dimanche;— je ne sais ce que
j'ai. Ah! oui, ça doit être quelque chose de bien

gentil! Je voudrais avoir, pour me donner le bras, quelqu'un de jeune et qui chante. Allez! quand on est clouée toute la journée sur une chaise, on aimerait bien avoir un cœur pour causer avec! Ça me manque qu'on ne m'appelle pas Nifa tout court. Je voudrais, — c'est bien difficile à faire comprendre ça, — avoir un nom à dire comme on dit une prière, L'amour! c'est comme quand les hommes boivent; nous, quand nous aimons!

>Je t'aimerai toujours!
>Ça dura huit jours.
>Ah! ah! ah! les drôles d'amours!
>Ah! ah! ah! j'en rirai toujours!

Mais ça n'est guère long. La petite a une robe d'indienne. Cette pauvre robe! Vous nous avez pourtant aimées là-dedans! La robe d'indienne, ça suffit, ça. — Bonsoir, la petite. On porte des robes d'hiver à présent, ma chère. — La porte est fermée; et quand ceux qui ont bon cœur, six mois, un an, deux ans après, demandent ce que nous sommes devenues, quelquefois, — c'est dommage, — nous ne sommes plus là pour répondre...

— Ohé! Charles, un chargement de champagne! Viens-tu? — C'était un canot qui passait tout plein des sonneries d'un cor. Le hêlement provenait d'une jeune femme debout au gouvernail.

Charles fit un signe négatif.

— La jolie dame! dit Nifa. Vous avez causé avec elle au spectacle.

— Ah! vous vous rappelez?

Nifa ne répondit rien.

Charles, de sa canne, faisait voleter à gauche, à droite, des brindilles d'herbe.

— C'est étrange! convenez-en, mademoiselle, que nous nous soyons retrouvés?

— Et si tous les jours j'étais passée devant une fenêtre d'entresol garnie de jasmin blanc...

— Nifa ! appela une voix dure à quelque distance.

— Ma mère ! — La jeune fille prit sa sœur et s'enfuit.

Le bouquet était resté aux pieds de Charles.

Charles se recoucha dans l'herbe; et, pour la première fois, il fit la remarque que quelques verts manquaient à la palette de Troyon.

N° I.

XVII.

Vraiment, monsieur, ai-je les atomes si accrochants? Comment! de si belles professions de foi, une cuirasse si bien fourbie, un si formidable à rebrousse-poil sur tout ce qui touche au sentiment, vous ont laissé là? Ce que c'est que de nous! Il n'y a plus qu'un pauvre garçon à deux genoux dans une phrase langoureuse, égrenant dévotieusement tous les *ave* du chapelet d'amour.

Ah! mon cher monsieur, vous, amoureux! mais là, tout de bon, bêtement amoureux? Ah! ah! ah! je ris; mais pardon! je vous sais une peur effroyable du ridicule. Et puis, le moyen de ne pas vous être un peu reconnaissante de tous ces *item* de mes beautés, qualités, perfections, tant du dedans que du dehors? Ma coquetterie, malgré tout son bon vouloir, n'avait jamais pu tourner la feuille : grâce à vous, nous voilà aux quatre pages. Franchement, il eût été dommage que vous n'eussiez pas complétement étalé avec moi. Je savais, chez vous, monsieur, un aimable causeur; mais, par Mlle de Lespinasse! je ne soupçonnais pas l'écrivain. Permettez-moi de vous faire sérieusement compliment de la chose. Les clairs, les obscurs, les doux, les faibles, les chauds, les tempérés, comme tout cela est tartouillé ! Vous soupirez si bien en mesure ! Vous dites avec tant de feu le Sésame ouvre-toi des tendres paradis ! La tirade est si jeune ! Votre style a des recoins où l'oreille se repose au son du galoubet. Là, c'est un placage de notes graves. Dans cette phrase, vous croyez voir passer l'habit pailleté de Bressant. Celle-là est toute encapuchonnée du manteau couleur de muraille. Vos périodes prennent feu, s'emportent, s'enivrent ou prient, comme de vraies Espagnoles qu'elles sont, en si peu de minutes ! Tout cela est d'un tour, d'un charme, d'un attrayant !... A moi toutes ces merveilles ! Ah ! monsieur, il est des cas où la modestie est plus que vertu, c'est héroïsme, convenez-en.

Voyez la Providence : je me lève, et n'ai pas une pauvre lettre sur la marqueterie de mon guéridon ; pas un Clitandre qui gratte à ma porte aux heures de baise-main ; j'ai l'âme la plus dépareillée qui soit ; je marche dans le désert, sans trouver une source ; je n'aime ni ne m'abreuve, et je pleure, et je chante sans écho ; — je vous emprunte des images : ma palette est si pauvre ! — Je me couche, et voilà que l'écho est venu à moi, que la source a jailli sans même que j'aie frappé le rocher ; voilà qu'une âme jumelle appareille la mienne, voilà que j'ai le petit carré de papier Bath sur mon guéridon; et derrière ma porte ou dans la rue, — c'est l'été, — un cœur qui monte la garde de long en large sous ma jalousie...

Allons ! venez vite guérir. Il en est des griseries de cœur comme de certaines maladies : on n'en guérit que sur place.

H. DE R.

P. S. A propos, si vous étiez tenté de publier tout un volume de lettres amoureuses et que vous me fissiez tenir le reste des feuilles manuscrites, que le calorique épistolaire ne vous fasse point négliger d'une façon si déplorable le point sur l'i. C'est un infiniment petit qui fait bien de la brume sur vos infiniment belles choses.

DE CHARLES A ÉDOUARD.

XVIII.

Il y a un an aujourd'hui, je me trouvais à Anvers. J'avais laissé derrière moi l'Escaut, et m'enfonçais machinalement dans les ruelles qui bordent les quais. Il me sembla voir des silhouettes lumineuses passer dans le lointain : je pris la rue des Lattes. Des femmes, non pas ces maigres et honteuses sentinelles du vice échelonnées de loin en loin dans nos rues, mais tout un millier de prostituées parquées à l'étroit, demi-nues et grouillantes, coudoyaient les deux murs d'un va-et-vient tumultueux, mer houleuse, toute moutonnante de blanches gorges, de blanches épaules que surplombaient çà et là des groupes impurs étagés aux rampes d'escaliers saillants de maisons éventrées. La France, l'Allemagne, l'Angleterre, Malte, la Nigritie, la Hollande à la tête plaquée d'argent, heurtaient leurs aphrodisiaques contrastes à cet âpre étal de la chair, et, dans le silence de la ville qui s'endormait, montait en gueulées obscènes la grande voix de la débauche, plus dissonnante qu'aux fondations de Babel. Sur toutes les bouches, en toutes les langues, bourdonnaient d'étranges programmes. Puis, derrière les murs, des *gargouillades* hystériques, des priapées comme en vit seule la Caprée de Tibère; les accouplements hors nature, monstrueux enfants du harem; tous les raffinements brevetés par cette vieille infâme de six mille ans : la Luxure! Devant ces nocturnes mystères du dieu Chiva, devant cette prostitution géante, devant cet insolent épanouissement de la matière, les attaches spirituelles que je sentais sourdre en mon sein s'éteignaient sous les soufflets de l'animalité; la femme, souillée dans toute son espèce, me devenait inoffensive, et j'avortais à jamais de l'amour.

Il y a un an aujourd'hui : la Briche s'endormait silencieuse dans l'ombre. Assis sur une meule de foin à l'entrée de la ferme, la main sur la tête de Perdreau, tu jetais au vent la fumée de ta pipe. La chaleur était tombée. La brise réveillait sous de frais baisers les feuilles mourantes. Le crépuscule secouait son écharpe grise sur l'émail des prés; les lointains mouraient en de molles vapeurs. De pesantes charrettes, aux cimes de foin couronnées de femmes et d'enfants, gravissaient lentement la colline. Les chants des faucheurs encore invisibles faisaient taire les frissons de la feuillée. Tu aspirais les douces senteurs que le soir prodigue à la nuit. Tu écoutais ce concert de musicales harmonies dont la terre qui s'endort réjouit le repos du laboureur. Une douce sérénité t'enveloppait. En ton cœur s'élevait vers Dieu un hymne de foi et de reconnaisance! — Aujourd'hui tu es peut-être assis sur la même meule, fumant la même pipe, attendant les mêmes faucheurs, écoutant les mêmes harmonies, aspirant les mêmes senteurs. En ton cœur, Édouard, s'élève peut-être le même hymne de foi et de reconnaissance. Comme l'Éternel, il reste immuable, ton tranquille bonheur dans le calme de la vie des champs.

Et moi, aujourd'hui vaincu, je me sens plus troublé en mon être que la source où tant de fois nous avons bu au même verre quand ont passé sur elle les fangeuses avalanches du printemps. Pourtant je me croyais fort : sept ans j'avais brassé la chair, j'avais sarclé l'ambition ; sept ans j'avais dormi, léthargique et glacé, sur mes passions muettes. De mes amours, nul n'avait entendu un mot de mon âme; et, comme le Rhône qui traverse le Léman sans s'y confondre, j'avais passé par tous mes hymens sans y mêler rien de moi. Et voilà que haletante, effrénée, se rue en mon sein une de ces passions comme il en déborde tout à coup dans la vie de ces hommes vierges aux larges épaules qui vingt ans ont terrassé l'amour, et se relèvent un jour meurtris!

Que son œil brille d'une lueur étrange, *spirituelle!* Que sa voix a d'harmonieuses séductions! Quelle riche intelligence! Qu'elle est femme, qu'elle est belle! Que son cœur est bondissant! Comme elle fait l'ivresse autour d'elle! Comme elle parle aux sens, à l'esprit, au cœur! Que de trésors pour l'orgueil d'un homme! Tout cela est, Édouard; je n'exagère point, je ne me fais point l'écho de mon amour. Tout cela est; et cependant ce n'est pas le bonheur que ma mère eût rêvé pour moi, un bonheur qui se joue en pantoufles, au coin du feu. Je le sens, il y a là des luttes, des combats, de cruelles douleurs, une fièvre incessante. A côté de cette femme, il faudra monter, gravir, tou-

jours marcher. Mais il doit y avoir dans cette vie
de beaux délires et des haltes bien douces aux
pieds écorchés! — Et, te le dirai-je? ce qui me la
fait surtout désirable, c'est quelque chose d'au-
dacieux, de révolté. Oui, lorsque, le soir, tous
deux assis dans son boudoir, à l'heure où l'on
apporte les bougies, dans ces demi-ténèbres où
les pensées se font plus intimes et se confessent
l'une à l'autre, notre conversation, comme ces
vaisseaux démâtés portés d'un monde à l'autre,
galope, folle et rieuse, les hommes et les choses,
tout à coup les cordes harmonieuses de cette
voix se brisent, des paroles d'un doute amer s'é-
chappent, sardoniques, de ses lèvres roses ; de
petits éclats de rire coupent ces paroles, puis je
ne sais quelles réticences effrayantes se cachent
derrière un sourire ; alors on devine des profondeurs insondables, on perçoit des voiles mysté-

rieux que la parole n'ose soulever. L'ironie plane et grandit ; à chaque illusion qu'elle souffle, à chaque croyance qu'elle enterre, le regard a des flamboiements d'ange foudroyé. J'ai peur, Édouard, moi, le sceptique ! j'ai peur ; et cependant, à mesure que cette voix s'élève désolatrice dans l'ombre, je me penche plus en avant de l'abîme qui m'attire !

Eh bien ! le croirais-tu, Édouard ? il est des jours où ce type de Léonard, si maître de mon cœur, s'efface. Et sur lui passe comme une de ces blanches apparitions de Hemling, les vierges au front penché, à l'œil triste, aux pieds toujours posés sur les tapis de la nature. Douce et rêveuse comme Ophélia, elle s'est révélée à moi sous le feuillage argenté des saules ; des roseaux cachaient ses pieds, la fleur bleue du myosotis emplissait ses mains... Jour de soleil, parfum de virginité, chants des oiseaux, éclat de la verdure, sourire de quinze ans, fleurs odorantes, murmure des eaux, mélancoliques paroles, ombreuse fraîcheur, émanations d'amour! Apparition poétique et vraie, la jeunesse s'empare parfois de toute mon âme! Et je te dis, Édouard : J'aime deux femmes !

Mais tu fais les foins, toi! Oh! parle-moi de la campagne, de la fenaison, du bottelage, du charriage, des mercuriales; parle-moi de ton chien, du vieux garde, de la grosse Lisbeth qui courait mettre des bas quand j'arrivais; parle-moi de celle qui va bientôt être ta femme; parle-moi de tout ce que tu aimes. Mais ne me parle pas de mon amour, car je te dirais comme Mme d'Houdetot : Doucement! je vous ai dit que j'aimais, et vous me répondez comme si je vous demandais si je ferais bien d'aimer. Plains-moi, et aime-moi toujours !

PAULUS.

XIX

XIX.

— Tête-à-tête avec l'abbé de Saint-Pierre, Paulus? dit Charles, en montrant du doigt le vieux livre sur lequel Paulus appuyait le coude.

— Oui, Charles, c'est un ami, un consolateur avec lequel on oublie. Cela vous fait bon comme une espérance, espérant comme un jeune homme. Riez, — c'est un des pères de l'avenir.

— Je ne ris pas. Je respecte tous les bréviaires.

— Le temps des utopies approche, mon ami. L'Europe a pris une assiette. Voilà les haines de peuples qui meurent dans les traités de commerce, voilà les races militaires qui deviennent industrielles, voilà les chemins de fer qui mettent les mains de l'Europe dans la main de la paix, voilà le Code civil et ses copies qui promènent l'égalité par l'Europe. Détournée de la monnaie des grandes questions, la raison humaine revient contre le principe d'autorité. Pendant que les penseurs de tous les pays communient en une même aspiration, le problème économique travaille ; l'instruction descend, et détache tous les ans des inféodations au passé quelques cent mille intelligences ; l'initiation gagne, pénètre, conquiert, et, sous la France monarchique, s'ouvrent peut-être, comme sous la Rome païenne, des catacombes de jeunes martyrs prêts à confesser la foi nouvelle. Ce haut fronton sous lequel s'abritent toutes les puissances du passé, cette clef de voûte de toutes les consécrations du moyen âge, l'Église catholique, sent crouler, à chaque étape de la raison, à chaque solution de la science, quelque pan de sa façade vermoulue. Impuissante à durer encore, elle repousse de son côté la Charité, et **M.** de Maistre convie le bourreau à sa droite. Le vide se fait autour du Vatican, et la papauté voit menacer dans l'ombre le gantelet de fer d'un autre Colonna.

— Oh! oh! — Vous avez une religion fraîche pour relayer?

— Nous sommes à l'heure des républiques. Le troupeau se gardera lui-même. Comme le roi Saolé-Selassé ses ministres, le nouveau monde enverra ses archies faire de la farine. Ce sera là une transformation, un enfantement immense. Il y aura des angoisses, du sang ; l'enfant viendra peut-être les pieds devant, mais il viendra. Le temps instituera « une assemblée perpétuelle des états généraux de l'Europe. » Alors, plus de conquérants qui fassent de la gloire une racoleuse sans entrailles. La guerre se rouillera comme un vieux sabre. Penchez-vous : là où il y a des casernes, vous entendrez germer les crèches. Alors la paix prendra le monde ; les peuples amis s'embrasseront avant de dormir sur la glèbe coupée ; le travail bienheureux formera la sainte-alliance aux pieds de la liberté, et Rousseau applaudira à des hommes qui pourront être pères.

— La solution de l'âge d'or ? — Eh ! Paulus !

l'Église avait du bon. Son paradis avait fait de la terre une antichambre pleine de résignation. En somme, que les ministres soient dans le gouvernement comme des chiens dans un tourne-broche, — ce n'est pas moi qui l'ai dit, — que le *Brodsinn* soit la charte, et, pour Dieu! qu'on ne s'occupe que de soi!

— Une chose étrange, Charles : de nous deux, c'est vous qui avez eu la vie facile, c'est moi qui ai eu la vie âpre ; j'ai été traqué, blessé, emprisonné, outragé, exilé. J'ai perdu parents, fortune, amis, maison, un peu de mon sang, tous mes souvenirs de foyer, le jardin de mon père, la tombe de ma mère, tout ce qui fait aimer. J'ai trente ans, et j'ai les cheveux tout blancs. Je n'ai plus, moi riche là-bas, que cette petite chambre, cette carte d'Europe et cette gravure d'Albert Durer. On m'a trahi, on m'a vendu ; je suis un réfugié, un mendiant à qui votre France fait en rechignant l'aumône d'une patrie; et de nous deux, — la terre d'exil est pourtant bonne à porter les haines, savez-vous? — c'est moi qui crois, c'est vous qui doutez; c'est moi qui dis que l'homme est bon, qu'il sera meilleur, c'est vous qui voyez l'envers de toutes les consciences; c'est moi qui aime l'humanité, c'est vous qui ne l'aimez pas; c'est moi, Paulus, qui lis l'abbé de Saint-Pierre, c'est vous, Charles, qui lisez Machiavel. — Il faut que vous ayez bien souffert.

— Un livre bien calomnié, Paulus. Il dit à peine en six cents pages la moitié de ce que fait un homme d'État en une matinée.

— Vous ne regardez pas assez haut, Charles. Dégagez donc l'humanité de l'individu. Et qu'importent les défaillances de conscience, les traîtrises, les vénalités? Que font les Mirabeau aux révolutions ? Il faut regarder où vont les drapeaux, et non qui les porte. Il y a de l'alliage dans tout ce que fait l'homme ; est-ce une raison pour chercher le mal comme ces mouches immondes qui ne se plaisent qu'à la fange. C'est un facile butin, et qui ne fait guère le cœur content. Ah ! plus heureux ces grands enfants, — n'est-ce pas, Charles?—aveugles à toutes ces choses qui élèvent l'œil de l'âme à la sérénité des larges horizons!

— Ah ! mon vieux et cher Paulus ! vous avez même foi que le jour où le canon de 1830 a demandé à votre Allemagne si c'est que la liberté dormait ou qu'elle était morte, que le jour où vous faisiez chanter à votre épée, fier et le hurrah au vent, le chant de Koerner!

— Oui, j'ai même foi ; l'histoire est là. Tout le long de l'histoire, l'esprit humain se libère de ces antagonismes de race, de ces haines de religion que les intérêts des théocraties et des royautés semaient pour la domination. Tout le long de l'histoire, l'esprit humain va s'adoucissant et se perfectionnant dans la fraternité sainte !

—L'homme meilleur, n'est-ce pas, Paulus? Le *sanabilibus œgrotamus malis?* L'homme est mauvais : voyez l'enfant. S'en prendre au gouvernement, c'est comme s'en prendre aux médecins d'un mal incurable. Les formes de gouvernement habillent l'homme tout au plus, elles ne changent rien au cœur humain. Un antre — plein de bêtes fauves. Trois cent soixante-six candidats bourreaux à la mort de monsieur de Bourges! Un empire n'a pas fait Néron. Un phalanstère n'empêchera pas Carrier. — Mauvais!

— Et moi, je crois que l'homme progresse. Je ne puis croire que le cœur de l'homme et son intelligence ne soient pas liés comme un boulet ramé, et que cette intelligence avance, que cette intelligence découvre l'imprimerie, découvre la vapeur, sans qu'en même temps son cœur aussi ne se développe, sans qu'il n'y vienne quelque chose de bon, sans que je ne sais quoi ne l'appelle, lui aussi, aux découvertes, ne l'appelle à la moralité !

— Tant pis ! — Écoutez ceci, Paulus. J'ai un oncle. Cet oncle avait trois arcades au Palais-Royal. Il y avait au Palais-Royal des galeries de bois et des tapis verts. C'était un joli revenu à jour fixe comme un 22 septembre. Mon oncle a toujours ses trois arcades. Il n'y a plus de galeries de bois, plus de tapis verts. De cinq, les loyers sont tombés à trois, — quand on les paie. Paulus, les États sont toujours un peu propriétaires au Palais-Royal, leurs prospérités se font un peu comme les eaux grasses ; et votre utopie promet d'être diautrement gueuse.

— Voir l'humanité grandir tous les jours d'idées, de lumières, de victoires, et ne pas la croire majeure et mûre pour les croisades sans larmes, et ne pas croire venue la moisson des peuples ! Ne pas croire que les opprimés auront leur jour, ne pas croire que les crucifiés auront leur ascension, ne pas croire que l'histoire des nations au tombeau s'appellera un jour la légende de Lazare ! — Allons, Charles, ne voyez-vous pas cette marée montante d'idées, et que le passé s'en va, et qu'il se fait une aube là où va se lever demain ? Alors, ami, vous êtes comme la *Melancolia* du maître, accoudé au néant, tournant le dos au soleil levant !

— Vous me parliez de l'instruction, je crois,

tout à l'heure ? Une statistique de 1837 établit que les récidives sont trois fois plus fréquentes chez les gens qui savent lire. L'arbre de science était une belle allégorie que vous n'avez pas comprise. La loi du Pérou avait raison. Avec cela que la pensée est un grand cadeau fait aux gens qui ne pensent pas!

— Comment, Charles, vous êtes mort à l'enthousiasme? Il n'est pas en vous de ces cordes qui vibrent, involontaires? Ces fièvres de liberté qu'a toute jeunesse, vous ne les avez pas? Le tambour dans les rues, la révolution qui passe dans l'air certains jours, ne vous font point enivré et tressaillant?

— Révolutions, dites-vous? On se passe des portefeuilles par-dessus des niais passés cadavres. Est-ce cela que vous appelez une révolution?

— Vous ne croyez pas aux idées, Charles.

— Me faites-vous l'injure de me dire que je crois à autre chose?—Vous savez le mot de Napoléon à M. de Fontanes?—Paulus, l'avenir est à vous et aux misérables qui déshonorent tout parti. Ce sont les goujats qui déshabillent la Victoire. Du jour où une fille de France n'a plus été étonnée de trouver cinq doigts à sa gouvernante, cinq doigts comme à elle, — 93 fut fait. Votre avénement, je le sens d'avance. Eh! mon Dieu! je vois tous les jours des politiques innocents qui tapissent votre salle du trône sans le savoir. Seulement je dis envie, quand vous dites conviction. Vous êtes de bonne foi, moi aussi. Oui, l'envie dépouillée de ses oripeaux de patriotisme, de civisme, d'amour des classes pauvres, l'envie toute nue. Chacun son tour : la bourgeoisie après la noblesse. Le niveau marche. Moi je ne siffle ni n'applaudis; je constate. Au reste, je n'aime pas les hommes, je vous l'ai dit; les générations futures ne me sont de rien. Vous avez un ami égoïste comme Louis XV, Paulus!

Paulus était à la fenêtre de sa mansarde. Il regardait la cité dans la nuit, la cité immense masse noire à peine étoilée de quelques points rouges : Paris, dit-il, c'est bien un de tes fils!

. . . .

— Riedmassen! Riedmassen! murmura Paulus. Non... je ne connais pas... Attendez... il me semble qu'il a été attaché à M. de Metternich.

TROIS MOIS.

XX.

Lubin. — Je ne sais plus si c'est Marton que j'aime ou si c'est Lisette; à moins que ce ne soit Marton.

Marivaux.

No 2.

XXI.

Je vous aime, Charles, et, du premier jour où je vous ai vu, mon cœur m'est témoin que je n'ai rien tenté contre mon amour. Mais vous le savez, ami, les plus belles paroles peuvent tromper, les plus jeunes peuvent mentir. Vous pouviez, malgré toute votre séve, n'avoir plus rien de vivant en vous, et vous galvaniser pour une comédie. Et puis, tant de gens s'en vont chantant l'amour comme un refrain banal, et les hommes croient si longtemps avoir l'âge de Chérubin ! Avant de me donner à vous, j'ai voulu, je l'avoue, — et je ne suis pas honteuse de vous l'avouer, — j'ai voulu peser votre amour, votre intelligence ; j'ai voulu savoir ce que vous valiez ; si vous n'aviez que l'enveloppe, si votre cerveau n'avait que les quatre murs, si vous n'étiez si sonore que parce que vous étiez creux. J'ai voulu que la place que je m'ouvrais dans votre cœur fût digne de ce que je sentais moi-même. Il ne me fallait pas que la sonde que je jetais me revînt avec une sympathie, un désir, une envie. Il ne me fallait pas que l'enfant capricieux auquel je souriais mourût au lendemain d'une nuit dans mes bras ; j'exigeais la certitude. Et comme j'ai senti battre en vous le pouls d'une vraie passion, comme vous êtes apparu à mon esprit un esprit de valeur; comme, penchée sur vous, j'ai vu de longs jours sous l'indifférence ou la raillerie, j'ai vu la passion tenir bon et veiller, toujours immuable et ardente, toute riche de prétextes pour pardonner, revenir et aimer ; je vous dis que je vous aime, Charles, et que je suis heureuse que vous m'aimiez.

Maintenant je vous dois mon passé, quoique de mon passé je sois le seul survivant. Je ne veux pas vous tromper : avant de vous aimer, Charles, j'ai essayé l'amour.

Vous n'êtes pas sans vous rappeler que ma mère mourut en me donnant le jour. Mon père, absorbé par la politique, ne sortait de son cabinet que pour s'accouder à mon piano ou me passer un collier au cou, et m'emporter brillante et parée dans sa voiture. Dès l'enfance, il me laissa presque libre de mes actions. Plus tard, il ne me demanda que d'être belle, spirituelle et souriante. Au milieu de cette vie mouvementée, dans le tourbillon des plaisirs, sous les sensuelles excitations de la musique, dans le prurit d'une intellectualité dévorante, la jeune fille devint de bonne heure femme. Ses sens parlèrent, et la curiosité instinctive enfiévrée par la lecture demanda au premier venu qui laissa tomber le mot *adorable* l'explication de ces langueurs d'une nubilité précoce. J'allais les bras tendus vers la vie, je me sentais appelée par les horizons inconnus : j'ai fait comme Ixion, j'ai embrassé la nuée. Non que je me plaigne, c'est le sort commun. Tous les cœurs portent cette blessure du premier amour! Qui de nous ne s'est laissée prendre à ces rêves de jeunes filles qui prêtent leur dévouement à tout ce qu'ils touchent? Qui de nous n'a quelques jours aimé ses illusions dans un homme? Qui de nous n'a regardé dans ces miroirs enchantés qui reflètent des profils impossibles, et n'a mis à quelque front indigne l'auréole de son idéal? Premier amour avec vos fougues, vos entraînements, vos oblations, votre abnégation, votre complet sacrifice, il y eut pour vous des lendemains tout amers. Je crus m'être abusée sur le choix, ne soupçonnai pas même l'amour, et mon cœur persista dans son rôle de dupe. Et cependant, toujours sous la passion, je percevais les précautions, les sécheresses, les réserves, les lacunes, les réticences, la défiance, l'à-parté, l'égotisme. Je n'étais pour mes amants qu'un bien court enrayage dans le chemin du but. J'étais humiliée de recevoir si peu pour ce que j'étais prête à donner, humiliée de sentir toujours entre moi et l'homme aimé cette rivale qu'on nomme l'avenir. Je me trompais à des apparences, des superficies, des semblants, des livrées sous lesquels était tapie la triste réalité. Et même avec celui qui me tint le mieux promesse, jamais un mot, un regard, un frisson ne nous vinrent communs et instantanés. Jamais la secousse électrique d'une même pensée ne nous étreignit en même temps. Jamais il n'y eut entre nous ce parallélisme de sentiments, d'idées, de nerfs, qui fait rendre à l'amour tout ce que lui versent le cœur, l'intelligence et les sens. Autour de moi, je voyais de moutonnières jeunes filles, âmes fraîches livrées à quelque barbon de trente ans, jeunes avenirs noués pour toujours à quelqu'un de ces tristes sires qu'on montre dans le monde, sortes de pétrifications humaines qu'une femme ne peut pas même tailler à son ambition ; et je songeais que ce sont de belles ressources contre ces boîteuses alliances et de belles consolations que ces liaisons en tapinois, vengeances prises au vol, sous triple verrou, presque ignobles à force d'être craintives !

Au reste, de toutes mes folles idées, je portais le deuil assez gaiement quand vous m'avez vue. Mes déceptions étaient de la dernière discrétion. Je m'étais rangée ; je m'étais assouplie à à toutes les futilités ; j'étais entrée de plain-pied et sans paraître me baisser dans toutes les petitesses de la société ; je jouais le nihilisme ; je médisais ; je chiffonnais ; je soulignais des scandales ; je faisais des trousseaux pour les pauvres ; je coquettais ; j'avais sonné la retraite de toutes mes grandes machines de sentiment ; je m'étais faite frivole ; on me déclarait charmante ; et vous êtes venu.

Charles, voilà ma confession. Il ne me convenait pas qu'il y eût de mon passé à vos yeux rien de caché, de dérobé, de couvert, d'abrité, d'atténué, de pallié, d'éteint, d'épongé. L'initiation, vous le voyez, est brutale comme une page de Jean-Jacques ; de nature à tuer votre amour, s'il est l'image de ceux que je côtoie.

Est-ce un bien? est-ce un mal? Vous ne trouverez plus chez moi la jeune fille. Vous n'aurez plus le ragoût, si cher aux hommes, de puérilités éloquentes, de coquetteries innocentées, d'ingénuités semi-ignorantes, de fuites derrière les santes, de curiosités rougissantes, de désirs qui veulent et de manières qui refusent. Vous n'aurez pas, Charles, la divine comédie de la pudeur. Vous ne rencontrerez pas à mon bras ces adorations enfantines des astres, des bois, de la nature ; vous trouverez ma voix peu faite pour les hymnes, et mon bagage sentimental bien éclairci. Pour mon compte, je n'ai pas grande croyance, quoiqu'elles soient fort à la mode en ce moment, à ces résurrections de virginité par l'amour. Il faudra prendre votre parti de toutes ces pertes. Si vous aimez les mains rouges, vous perdrez encore. Mais, si ce que je vous offre est plus humain, plus dépouillé d'idéalité, vous trouverez chez moi un amour qui n'aura plus les convulsions de l'enfance, un amour plus sûr de lui-même, plus instruit de vos besoins, plus ménager de vos forces. Vous saurez que vous avez été choisi et non pris au hasard; vous serez plus rassuré contre les boutades, les caprices, les dégoûts, les volte-face du cœur féminin. Mon amour, dépouillé des petites jalousies, des taquineries de détail, des prétentions de pensionnaire, des pénitences de poupée, aura quelque chose de fort, d'égal, de continu. Il ne demandera pas, élagué des exigences romanesques, à l'homme plus qu'il ne peut donner. Mon cœur, pour être moins loquace, n'a pas vieilli et battra à l'unisson du vôtre. Mon intelligence agrandie, fortifiée, développée, vous livrera tous ses progrès. Mes sens perfectionnés, tactilisés, sensibilisés, ont fait de cette machine bien souvent froide et insensible, de ce corps que tracassaient mes premiers amants, un appareil de volupté plein d'accord et d'harmonie. Ne jouons pas aux sous-entendus ; n'excommunions point le plaisir ; faisons-lui sa part, et ayons l'audace de ne pas l'abandonner au sein des courtisanes.

Voilà, Charles, bien complétement tout mon actif. Mon amour, je ne l'ai ni surfait, ni mis à vil prix ; je n'ai fait que balayer toutes ces menteries de pensée et de style qui sont le seuil ordinaire des liaisons. Vous me pénétrez tout entière, et lisez au fond de mon esprit, plus enfouies sous ma nature de femme, beaucoup de vos idées sur des mots, des formules, des protocoles. Vous m'avez souvent entendue mal parler du mariage, accuser le cadre où deux personnalités ne peuvent tenir debout, accuser la part léonine que le mari s'est taillée en plein code, accuser ces antagonismes sans délivrance, accuser le néant des recours contre les doubles méprises, accuser l'annihilation de la femme insinuée au contrat. Vous vous êtes rappelé mes griefs, et vous ne me demandez que de vous aimer. Je vous en remercie, Charles; car je n'avais pas eu le temps de vous dire que, seule, une demi-communauté, seules, de demi-satisfactions peuvent ménager la monotomie, la satiété ; qu'aux gens blasés il faut les amours un peu furtifs de l'ancienne Sparte ; que l'habitude ne s'entame qu'au piquant de l'illégitime ; que le transport amoureux ne se vivifie que dans ce coin d'ombre, ce coin discret où le soupçon frappe et n'entre pas. Je n'avais pas eu le temps de vous dire que, dans ma pensée, la sanctification du mystère pouvait seule faire durer l'amour. J'ai beaucoup pesé tout cela, Charles ; et, dans le choix qui me fut toujours offert de prendre l'amoureux comme amant ou comme mari, j'ai toujours opté pour l'amant. De moi à vous, Charles, il n'y a pas de prise de garanties. Croyez que je veux pour toujours un même chemin devant nous deux, au bout de ce chemin un sommet où nous nous asseoirons tous deux, fatigués de la même fatigue, moi dans l'ombre, vous au soleil ! Marchons au-dessus du monde, marchons invulnérables et forts dans notre mépris des consciences humaines! Deux intelligences vastes et puissantes, dit le monde, deux volontés comme la vôtre, comme la mienne, ces deux volontés s'entrelaçant pour un but commun; une ambition qui aura vos pensées et mes sourires; deux êtres jeunes, mariés par toutes les intimités de l'esprit, obstinés et s'exaltant, se réconfortant, se soutenant, s'encourageant; vous n'avez point songé, Charles, à ces puissants leviers! Une dualité ainsi faite, une énergie d'action ainsi géminée, et l'appoint que la diplomatie toute dévouée d'une femme belle et spirituelle, comme vous dites, et tout ce que l'énergie réveillée de votre nature peut renverser, édifier.... pensez à tout ce que nous pouvons prétendre, et mêlons tous deux les fièvres de la vie aux fièvres de l'amour!

Je suis à vous, Charles, je ne comprends point qu'on donne le cœur sans donner le corps. Je suis à vous. J'ai vu tant de femmes se détailler et se faire enlever, pour ainsi dire, morceau à morceau dans une petite guerre honteuse, et ne laisser envahir leurs conquérants que comme des médecins qui combattent la gangrène, que le cœur m'en a levé. Ma pudeur, à moi, ne tombe pas épingle à épingle; et je viens à vous librement, de moi-même; à vous que j'ai éprouvé, que j'ai choisi, que j'aime, en vous disant : Je suis à vous.

Vous permettrez un enfantillage à mon petit orgueil de femme. Ce jour où vous m'aurez, je veux que ce soit moi qui le choisisse.

Attends un mot de moi.

Charles, je t'aime!

Hertha.

UN APPENDICE A WINCKELMANN.

XII.

XXII.

Paris débouche sur les boulevards ; de toutes les rues la foule dégorge, et se rue, innombrable, vers les Champs-Élysées. Le jour baisse ; les teintes bleuâtres du soir montent d'étage en étage éteindre les derniers glacis de rose que le soleil oublie au faîte des maisons. Au-dessus de la foule, au-dessus des toits, un ciel orangé s'éteignant dans un azur plus tendre que l'écharpe de crêpe d'une jeune fille; à droite, la Madeleine, le front sur deux colonnes profilées dans le vide, écorne l'horizon de sa masse d'ombre. comme les vieux temples du Lorrain.

Les équipages passent emprourprés des adieux du soleil, et chevaux, et toilettes, et femmes, et jockeis, et naseaux fumants, prunelles de feu, robes chatoyantes, casaques de soie, tout cela roule, roule dans l'apothéose d'un poudroiement d'or. Les piétons, hommes, femmes, bras dessus bras dessous, et les jeunes, et les vieux, regardent et vont. Les moins belles ont leur sourire; les enfants tapageant virevoltent des crécelles, et pour ceux-là qui marchent deux à deux, il y a je ne sais quoi dans l'air qui fait monter le cœur aux lèvres. Les hommes ont le nez rouge. On dirait que tout le monde a dîné. C'est une magnifique soirée.

— Bah! — fit Robert, en brusquant l'agonie de son cigare — les feuilles n'y sentent pas encore l'huile d'œillette! Et quand même? Decamps n'a jamais trouvé lignes plus cahotées que les gorges d'Apremont; et je t'assure que les chênes de la Gorge-aux-Loups n'ont pas trop l'air d'être feuillagés avec du persil. Allons! je te retiens une chambre chez le père Gane : tu boiras du bleu avec Servin et les autres; et tu couperas des cannes avec tous les Ruysdaël de demain. Qu'est-ce que tu fais cette année?

— Cette année? Je reste.

Les marronniers du jardin des Capucines balançaient en ce moment au-dessus des deux fumeurs leurs grandes feuilles vertes.

— Hein ? — Et Charles tourna la tête.

La balourde silhouette de Jean lui tendait une lettre.

— Trois mois ! s'écriait Robert accroché au bras de Charles; trois mois ! Monter au plus haut de ses réminiscences antiques; de là songer des rondeurs marbrines et provoquantes que caressent vos pinceaux enamourés; enfanter dans le rut de fiévreuses insomnies son poëme du nu; déjà, en regardant en soi, le voir inondé de soleil, de la nuque aux talons !..... La clef tourne dans la serrure : ce sont des torses contemporains. Le rêve se brise l'aile au dos du modèle. Ah! mon cher! hanches de grenouille, muscles hottentots, ressauts ravinés, lignes engorgées, rotondités distendues, dermes bistrés, carnations sales, passées, marmiteuses : les vilains guides que la nature nous donne par ce rachitique de XIXe siècle !... Et ma toile — tu la verras, — se faisait plus brouillée que la cuve jaspée du marbreur de papier. Comprends-tu? Avoir fait tomber plus de chemises que l'abbé Galiani, avoir convié plus de corps qu'Allégrain pour sa Diane de Luciennes, — et n'avoir plus qu'à souffler sa lanterne ! D'extravagantes fantaisies ! J'aurais été quêter près d'une beauté princière le dévouement de Pauline pour Canova !

— Ah ! — Charles regardait Jean s'éloigner avec le pas lourd du *der Sardmann*.

—Tiens! — ris si tu veux, — je suis sûr d'avoir vécu il y a quelques mille ans. J'ai applaudi les Chevaliers. Je me suis promené à la neuvième heure sous les avenues du Céramique. Oui, Charles, j'ai vu la Thalatta, l'Antée, la Thaïs, la Clepsydre, la Phannium, les belles familières !

J'ai vu ces modèles, reines d'Athènes, passer en litière devant les trois Vénus pour laisser tomber devant Phidias le mystérieux *chiton !* J'ai levé dans le festin la coupe d'or pleine de casia et de safran ! Il me semble que j'ai encore aux lèvres la saveur du vin de Thasos ! O Phryné ! les cigales d'or qui voletaient sur tes cheveux, je les vois ! Oui, j'ai vécu ce temps. Le beau Nirée, le crotoniate Philippe, le beau Pentarcès, je les ai vus monter sur leurs piédestaux de bronze ! J'ai vu, ô Lesbos ! ta fête de la beauté ! Charles ! les Panathénées défilent encore devant moi, et les jeunes aulétrides, qui versent l'harmonie, marchent lentement, la tunique fendue, dans un parfum de cinnamomum ! — Tu me diras que nous sommes sur les boulevards; que les femmes ont des robes montantes; que les malheureuses qui transmettent dans les ateliers à 1 fr. 25 cent. l'heure l'héritage flétri des formes aspasiennes, Barenne, de son royal balcon, les voit barboter dans la crotte... Je suis païen. Je ne m'agenouille, sous le plafond d'azur, qu'aux splendeurs de la forme. Ma basilique, à moi, s'appelle le Panthéon! Elle est immense! elle est radieuse! Tous les galbes, tous les moules, toutes les lignes, tous les dieux! La prodigieuse anthropothéomorphie du monde! Et toutes les fois que mon pinceau piaffe, ce n'est qu'après la chair, les seins débordants, les musculatures de l'homme, le nu, et encore le nu! — Ah! *povero!* Et la pudeur! — Ce bourgeois de Tertullien! De l'encens dans les alabastres, et des *Mater dolorosa* byzantines sur le socle des Astartés! Des trappistes, ma parole d'honneur! qui occupent la vie à apprendre à mourir, — une chose difficile! tout le monde y réusssit. La pudeur! Aussi bête, n'est-ce pas, Diderot? que cette Mme Hocquet, qui mettait un linge à la Pudique! La pudeur — ah! Phallès, que tu as dû rire! — qui vient de faire imaginer à nos commissaires priseurs des numéros feuilles de vigne! — Et tout de suite, qu'on nous ramène à la *gonnella* des Primitifs! Les Mécènes de l'art ont des Beaudoin à présent, mais ils n'ont plus d'Albane. Plus de torses féminins que sous le linge! L'épiderme les ferait cramoisis, les pudibonds! Cherchez-vous l'attache du cou? *Shocking!* On vous châtre le déshabillé à présent que c'est merveille! *Shocking! shocking!* Que le mot gagne, les épiques de la chair n'auront bientôt plus à célébrer que des orteils et des phalanges. Faites baiser les pieds aux draperies, ou sans cela..... Que si le ciseau ou la brosse s'avisent de glorifier un peu trop exclusivement ces attributs, s'ils s'en avisent..... Oh!

mais! — Ma foi! nous sommes de grands saints, et je m'étonne que les mauvais lieux ne ferment pas. Orbes splendides! les anciens ne vous avaient pas mis hors la loi ; et bien avant que l'Anacréon de l'Indus n'évoquât l'opulente Nitambini, la Callipyge trônait aux Propylées d'Athènes ! — Ma coucheuse antique écarte le tissu d'Amorgos, penchée sur le lit et prête à s'y glisser: toutes les rondeurs en saillie! toutes les richesses au vent! A ma coucheuse, toute de dos comme la femme dans l'Automne de Jordaëns, il fallait ces ampleurs printanières que bride à grand'-peine la *maestria* des élégances juvéniles, ces ondulations serpentines, ce sinus amoureux, ce capricieux delta où meurent les reins, ce puissant ressaut de la croupe, ces robustes montants des hanches, ces courbes luxuriantes, ces chairs rebondies, fermes, drues, ces méplats musculeux et douillets, ces globes potelés où appuya le doigt de l'amour, ces cuisses à pleine chair, cette peau blanche et rose et vivante! *Eureka!* Une mère protectrice éclairée de la ligne me promet au delà! Et demain l'enfant m'est livrée! Demain l'édition princeps!

— Adieu! adieu!

PAR LA PORTE DE CORNE.

XXIII.

Charles ouvrit la lettre et lut :

. . . .
. . . .
. . . .

. . . .

Il retourna. Jean s'était trompé. Elle portait l'adresse d'un grand homme d'État.

. . . .

C'étaient d'abord des architectures infinies. Des forêts de lignes fourmillaient confusément. Des villes, des palais, des temples, des entassements, des assises, des Capitoles, des frontons, des Colisées, des Pyramides apparaissaient et disparaissaient. Et tous ces monuments baignaient leurs pieds et se reflétaient dans un lac immense.

A l'horizon galopait une colonnade sans fin, et le chaos se mouvait sans repos ; les formes sombraient à chaque instant, et l'on ne pouvait regarder qu'à tâtons dans cette mêlée de granit, où les vagues de pierre surgissaient par seconde plus innombrables, plus renouvelées que les lames d'une mer d'orage.

Peu à peu, les eaux se troublèrent, fangeuses; le ciel, par toutes les dégradations du bleu, devint noir comme le marbre noir d'un tombeau ; des vapeurs rouges de sang empourprèrent un moment les pâles mirages ; dans le silence, tomba, lentement espacée, comme la note sourde d'un glas funèbre ; les masses se balancèrent de gauche à droite par trois fois; des figures échevelées passèrent en courant ; puis tout s'abîma dans un grand cri sous des eaux noires comme le ciel.

Charles se sentait emporté par les eaux. Autour de lui, au-dessus de cet océan sans rivages, aux teintes cadavéreuses d'une mer de glace par une nuit sans lune, il ne voyait que des mains crispées qui cherchaient à s'accrocher à lui.

Il s'épuisait en efforts, et roulait éperdu vers des profondeurs plus sombres.

Alors sur ces eaux mornes surgirent des apparitions toutes pleines d'épouvantement. Une création apocalyptique vida les abîmes, et monta gigantesque à la surface. A ses côtés passèrent comme des lézards immesurables dont l'œil jetait dans la nuit des lueurs boréales.

Il fuyait ; et sur sa tête s'ouvrait, dans un long bâillement, une gueule rouge, toute pavée de dents aiguës et dentelées.

Sa main croyait prendre terre : un ongle crochu déchirait sa chair, et l'immense îlot aux pattes de tortue se rendormait.

Il fuyait, et il nageait vers quelque chose d'immobile comme un rocher : le bloc gris jetait dans l'espace un cou de trente pieds, et abaissait vers Charles sa petite tête plate de vipère.

Et ses jambes se prenaient en des anneaux glacés ; il était englué en des masses visqueuses;

il levait les yeux : sur sa tête tourbillonnaient des légions de monstrueux crapauds qui agitaient de grandes ailes velues; et leurs ailes grandissaient tant, tant, que Charles ne voyait plus le ciel. Alors il râlait désespéré; il coulait, il touchait le fond, ses pieds enfonçaient, et le sable montait par-dessus lui.

Et alors, au bout de quelques instants, il entendit sourdre un bruit grêle et immense, comme si tout le long d'une nécropole sans limites, on frottait l'une contre l'autre des bandelettes de lin tombant en poussière; et je ne sais quels mufles glacés le flairaient.

Le bruit augmentait et se rapprochait; et c'était alors comme si des générations de momies se fussent traînées sur des dalles.

Soudain, Charles vit un diamant briller, puis deux, puis cent, puis mille, puis un million. Il était dans une grande salle soutenue par des éléphants de basalte ; et tous ces diamants qu'il voyait étaient les yeux de squelettes emmaillottés qui le regardaient fixe.

Charles tomba, et il sentit une affreuse douleur aux tempes. Son œil se retourna, et il aperçut au dedans de lui un grand clou qui lui traversait le cerveau. Une femme, après avoir appuyé dessus ses deux petites mains, rechargeait sur sa tête un vase de lait à moitié plein.

Puis, il était sur un lit d'amour; une belle jeune fille retirait doucement son bras moite de dessous sa tête, et il sentait deux fois quelque chose de froid à son cou; et la seconde fois, une vieille femme passait un sac par la porte entrebâillée.

Il dormait, et une jeune femme assise à son chevet tressait un cordon de soie et d'or; et, à mesure qu'il avançait, elle l'essayait; et, quand il fit le tour du cou, elle serrait.

Il dormait encore, et une jeune femme lui versait dans l'oreille du poison qui lui brûlait la tête comme du plomb fondu. Elle approchait de sa bouche un miroir pendu à sa ceinture; elle l'essuyait impatiente; et, quand il fut net, elle sortait avec un sourire.

Alors, dans son rêve, il se levait, et allait fermer la porte de sa chambre; mais il entendait dans l'escalier le bruit sec du bois mort battant les marches; des frôlements se faisaient derrière la porte; la clef grinçait, et une longue suite de fantômes de femmes, enveloppés de linceuls blancs, s'avançait au pied du lit; et chacun, tour à tour, venait essuyer aux draps ses doigts de squelette qui laissaient une empreinte rouge.

Puis ils s'en allaient un à un, à reculons, en regardant Charles de leurs orbites creux.

Et tout disparut.

Il rêva qu'il était chez lui, un soir, au coin du feu, tout seul. Tout à coup, la glace au-dessus de la cheminée se brisait.

Et en même temps des crosses de fusil frappaient contre sa porte.

Des soldats entraient.

Et Charles entendait un petit éclat de rire de femme.

Un homme en noir furetait dans ses papiers et sur sa table, en tenant à la main une petite lettre parfumée qu'il consultait.

Puis on descendait les escaliers, et, quoiqu'il ne fût pas tard, Charles remarquait que toutes les lumières étaient éteintes...

C'était encore le soir. Dans une salle pleine de vieillards, un homme en noir se levait.

Il lisait à Charles un papier d'une voix nazillarde; et, quand il se rasseyait, Charles entendait dire autour de lui : Si jeune !

Il entendait encore le petit éclat de rire de femme...

Puis il sentait des ciseaux dans ses cheveux.

Il voyait une machine peinte en rouge.

On lui faisait embrasser un morceau de cuivre.

Il était sur une planche, bouclé.

La planche basculait.

Au-dessus de lui se faisait un grincement.

Il voyait, dans un panier de son humide, des têtes de jeunes hommes qu'il connaissait le regarder.

Et il entendit le petit éclat de rire de femme.

Le couteau glissait, et.... —

Charles étendit le bras; il se leva droit sur son séant; il vit ses persiennes fermées et ses draps à terre.

D'ALBERONI AU DUC DE VENDOME.

XXIV.

Tu arrives bien, dit Robert à Charles; et il se met à rire.

Sur la table à modèle, une vieille femme arrache la chemise à une jeune fille qui sanglote,

La chemise est enlevée.

« .... *di angelo!* » — Ce n'est qu'un cri. La vieille sourit.

Charles prit son chapeau. Il avait reconnu la poseuse.

. . . .

Une espionne; un modèle.

SUICIDE.

XXV.

Des années se sont passées.

Il promène la loupe sur une petite plaque verdâtre.

Heraclidis melinum, s'écrie-t-il, et il jette sa loupe.

Spon, Bauhin, Lebeuf, Caylus, Falconnet, Walchius, Saxius, Cuper, Smetius, Chishull, Maffei, Muratori, Gori, Dunod, Berold, Dulaure, Grivaud de la Vincelle, Tôchon d'Annecy, Rever, Denys (de Commercy), Bottin, Pluquet, Eloi Johanneau, Beaudot (de Dijon), Lenz, Fevret de Saint-Mesmin, Richard Goug, Duchalaix, Dufour : il a lu ce que cinquante tessons et vingt-huit antiquaires n'avaient jamais dit.

Il ne prête pas un *d* à la seconde pierre de Nimègue.

Il ne probabilise pas le *nomen* défaillant aux *agnomen* et *cognomen* des sigillaires de Gênes et de Besançon.

Il a lu clairement que les cachets d'oculistes n'ont jamais été la propriété du débitant.

Il a lu *Heraclidis melinum*, le collyre cité par Gallien.

Le jour est fait dans la question; mais il n'est plus amoureux que de la *stéatite verdâtre*. — Qui donc? — Charles.

TABLE

	La date.	1
	Le dernier mot.	7
I.	L'atelier.	13
II.	Original! oh!	35
III.	Crayon du XIXe siècle.	43
IV.	Bourguignon.	51
V.	Petite poste.	61
VI.	Victuailles et menus propos.	65
VII.	Une chaînette.	85
VIII.	De Léandre à Géronte.	91

IX.	Vous l'avez rencontré.	105
X.	En face d'une sonnette.	113
XI.	Rococo.	121
XII.	Escarmouche.	133
XIII.	Soyez les bienvenus à Elseneur.	149
XIV.	Une lettre inédite de Mme de Maintenon.	161
XV.	Ni Manfred, ni don Juan.	167
XVI.	Bas-Meudon.	173
XVII.	N° 1.	193
XVIII.	De Charles à Édouard.	201
XIX.	Paulus.	213
XX.	Trois mois.	229
XXI.	N° 2.	233
XXII.	Un appendice à Winckelmann.	249
XXIII.	Par la porte de corne.	261
XXIV.	D'Alberoni au duc de Vendôme.	273
XXV.	Suicide.	277

PARIS. — IMPRIMERIE GERDÈS,
RUE SAINT-GERMAIN-DES-PRÉS, 14.

www.ingramcontent.com/pod-product-compliance
Lightning Source LLC
Chambersburg PA
CBHW050630170426
43200CB00008B/949